PROBLEM SOLVED

动态决策

根据信息的不断变化做出正确决策

[美] 谢丽尔·施特劳斯·艾因霍恩（Cheryl Strauss Einhorn）◎著

张建军◎译

金城出版社
GOLD WALL PRESS
·北京·

图书在版编目（CIP）数据

动态决策：根据信息的不断变化做出正确决策/
（美）谢丽尔·施特劳斯·艾因霍恩著；张建军译.
–北京：金城出版社有限公司，2020.6
书名原文：Problem Solved
ISBN 978-7-5155-1376-8

Ⅰ.①动… Ⅱ.①谢… ②张… Ⅲ.①决策方法 Ⅳ.①C934

中国版本图书馆 CIP 数据核字（2020）第 010308 号

动态决策：根据信息的不断变化做出正确决策

作　　者　[美]谢丽尔·施特劳斯·艾因霍恩
译　　者　张建军
责任编辑　丁洪涛
责任校对　王秋月
开　　本　710毫米×1000毫米　1/16
印　　张　15.5
字　　数　120千字
版　　次　2020年6月第1版
印　　次　2020年6月第1次印刷
印　　刷　北京时捷印刷有限公司
书　　号　ISBN 978-7-5155-1376-8
定　　价　49.80元

出版发行　**金城出版社有限公司**　北京市朝阳区利泽东二路3号
　　　　　邮编：100102
发 行 部　（010）84254364
编 辑 部　（010）84250838
总 编 室　（010）64228516
网　　址　http://www.jccb.com.cn
电子邮箱　jinchengchuban@163.com
法律顾问　北京市安理律师事务所　（电话）18911105819

当我还是小女孩时，有一天母亲从本地一家百货商店的化妆台化妆后回家，问父亲她看起来怎么样。父亲答道:“亲爱的，我现在看见的是我的幻想，而不是你化了什么妆。”母亲大声说出自己的疑惑，认为父亲这么说意味着他根本没有认真看她。当时，即便我年幼，但也意识到父亲的意思是母亲的妆容完美无缺。

我的母亲是非常务实的人。她经常在我们家的汽车里存放一套《百科全书》，以便我们即使是在去超市的途中，也仍然可以阅读和学习。我的父亲则是一位梦想家，他看到和提出的问题非常人能及。

谨以此书献给我的父亲和母亲，他们教会我用不同的方式看待问题。

推　荐

我从事社会创新方面的新闻报道工作，已经有 25 年。我发现很多组织机构都获得了巨大的成功，其独到之处是如何使自身的风险最小化，如何锲而不舍地追求机遇，如何跟踪结果并提前做好规划。本书提出的 AREA 法通俗易懂，自成一体，人人皆可使用：这套工具不仅说明了如何把复杂的决策细分为可管理的步骤，而且提出了一套甄别关键问题，揭示核心假设，评估可替代选择的缜密方法——澄清路径和可能性。

——戴维·伯恩斯坦，《如何改变世界》的作者，《纽约时报》“修正”专栏的创始人

在我们的日常生活中，有效解决问题需要有条不紊地思考。谢丽尔·施特劳斯·艾因霍恩的这本著作言简意赅、条理分明地向我们阐释了如何做到这一点。她的全部课程围绕案例分析组织，所述案例既无深奥的术语，又切中要害。实际上，她选用的案例，好似一篇篇小说引人入胜；对小说主人公面临的困境，读者亦感同身受。这些案例分析了如何做出艰难的决策。对即将在日常生活和职业生涯中做出重要抉择的人来

说，本书可谓是必读书。

——约翰·坎贝尔，美国前驻尼日利亚大使，现任美国外交关系协会拉尔夫·本奇非洲政策高级研究员

致 谢 >>>

当我还是小姑娘时，我就非常痴迷悬疑推理，尤其喜欢寻找线索，在看似无迹可寻的谜团中找到解决问题的路径。长大后，既然无法成为特里克茜·拜尔登[1]，于是我就做了一名新闻调查记者。我在哥伦比亚大学为很多学生讲授事实侦察这门课程，但从未意识到自己教的内容其实是思考问题的一个流程和一种思维方式。随着时间的推移，它逐渐孕育并成熟，最终凝结成了一种方法——AREA 法。

我现在仍然记得自己想出 AREA 这个首字母缩略词的情景。当时我的父亲刚好来到我的住处，听到了这个词。他是为了参加每周都举办的安息日庆祝活动过来的。这真是美妙极了，因为他是一位出色的研究者，而安息日庆祝活动是我们在每周有意安排的，大家可以借此互致谢意。

当然，还有很多人在与我一起讨论和编写本书的过程中发挥了重要作用。

我先前的学生彼得·劳伦斯，现在已经成为我在哥伦比亚大学的同

[1] 特里克茜·拜尔登，美国“女孩侦探”推理系列丛书中的女主人公。该丛书成书于1948—1986 年，作者是美国儿童小说女作家朱莉·坎贝尔·塔萨姆。——译者注

事和好友。

曾经给我的孩子们上过课的凯斯琳·巴恩哈特，现在不仅教给了我讲故事和写作的方法，而且教会我如何与他人交朋友。

感谢我的出版经纪人史黛西·格里克给予本书和我的信任。本书能找到好的归宿，离不开她全程的指导。

其他朋友和同事不仅阅读了本书的手稿，而且与我分享了他们有见地的、对我大有裨益的反馈。我在此一并感谢他们：迪娜·贝林、托尼·布莱尔、戴维·伯恩斯坦、约翰·坎贝尔、乔纳森·格鲁伯、利兹·兰多、乔·普拉特以及马尔科·斯科维尔斯基。

感谢约翰·克里斯托弗，他向我分享了他的励志故事、研究和优秀作品。我愿意把本书所得收益的一半贡献给他创立的奥达基金会。

同时，我谨向戴维致以谢意。我知道"怎么爱你都嫌不够"，但请允许我用这句话作为表达谢意的开始吧。

对愿意和我保持联系的读者，我盼望听到你们关于 AREA 法使用情况的反馈。请通过 areamethod.com 这个网站与我联系。

免责声明 >>

本书的全部研究，代表特定时间段内的情况。各网站和文档都在定期更新，信息亦在不断变化，所以本书中的约翰·克里斯托弗、迈卡、克劳迪娅、比尔，他们那时的经验，甚至是我自己在当时的发现，现在或许已经不能代表我们各自的见解了。本书所有的研究和决策是在特定时间段内由一个人凭借一套个人的关键概念（Critical Concepts）而做出的。你的关键概念以及你找到的信息，都将会出现不同的情况。

序　言

领导者最有魅力之处在于决策。在社会的各个层面—— 一家公司、一个社区、一个国家甚至一支足球队，其领导者无不面临要做出出色决策的挑战。

日常生活中，我们会对方方面面做出重要决定，比如职业上的变动、居住地的选择、应对家人的担忧、处理家庭危机、寻找生活目标以及迎接生活的挑战等。

那么，如何最大限度地做出正确的决定呢？这正是谢丽尔·施特劳斯·艾因霍恩这本著作的主题。她认为，你可以在决策流程中运用一种分析框架，提高你做出出色决策的可能性。我认为这种想法非常有趣。本书不仅清晰地呈现了这种想法，而且内容通俗易懂。

这种方法称为 AREA 法，它实际上分解了决策的过程。它教你如何避开偏见和先入为主的观念（这些观念有可能是错误的），使你准确定义处于决策核心位置的“关键概念”，让你具备评估自己想要追求和实现的真正目标的能力，并且教给你评估的方法。

这种方法可以用猎豹捕食的方式类比。猎豹捕猎时的减速和制动能力非常关键，它给予了猎豹转身和变换行动方向的机会。同样，在做重要决策时，本书作者展示的关键时刻采用放慢速度、重新评估以及必要时转换思路的方法，将使决策者获益良多。她根据具体的操作思路提出了一整套方法。

AREA 法的例证是来自现实生活的真实案例——比如选择上哪所大学，决定参加哪个培训课程，如何正确地为年迈的父母选择养老院。可以说，AREA 法思考方式的意义是它适用于任何领域：从政界到商界乃至创意艺术领域。

她展示了出色的决策是想象力与科学结合的产物。这本佳作向读者介绍了决策科学的应用方法，以及最终取得的良好结果。在当今这个纷繁复杂的世界，本书可谓是一部颇有助益的指南！

英国前首相　托尼·布莱尔

本书使用指南 >>

从事研究，即便是有限的研究，其流程往往也会是非常复杂的，这是因为需要研究者跟踪大量的信息和细节。我建议你按照 AREA 法分类记录的形式组织整个研究，备份所有研究材料并且注明每条记录的日期。分类记录研究材料和自己的想法后，你不仅可以在运用 AREA 法的过程中随时参阅它们，而且可以防止论点逐渐变化，即防止假设不断变化。这些假设令人生厌，因为即使在情况出现变化时，这些假设仍然会使我们感觉有正当理由深入研究它们。此外，书面分类记录可以为你的研究提供一张路线图。

若想深入挖掘并与大家分享自己的思想，请登录 areamethod. com 网站，加入 AREA 社区。你将在那里看到深入探讨该方法、该研究的相关文章。此外，你还会找到把你的问题和决策经历上传到该网站的方法。

在本书的很多地方，我建议你在研究过程中做策略性暂停。在这些地方我设置了“猎豹清单”。这些清单将帮助你培养和锻炼实施 AREA 法需要的各种能力。在清单中，我不仅强调了信息源，还列出了一些重要问题（你可能会通过自己搜集的研究数据提出问题），并提供了对这些信息源及问题的解释说明和分析指南。此外，本书提供了练习题，以帮助你在有效研究的同时，精心打磨关键概念。

当你在自己的AREA法分类记录中回答“猎豹清单”提出的问题时，我鼓励你把问题和答案全部记录下来。其实，这相当于书面记录了自己的研究和决策过程。你将总结自己研究工作的每个“环节”(含A、R、E、A)，具体方法是用一句或几句论点陈述巩固自己的学习。这些论点陈述是对你的研究、发现和分析的总结。其中，“分析”阶段的研究至关重要，因为它不仅归纳了你的研究是否有“不着边际”的现象，而且指明了下一步的研究方向或回顾AREA法研究的路径。在研究的这个节点上暂停，你似乎感到为难和沮丧，但是这种暂停会让你的研究思路更明朗。在你收集和处理信息过程中的策略性暂停，增强了你对研究的敏锐性和灵活度。

AREA 法

猎豹清单

把好想法转变为伟大决策

	理论 / 想法	实践 / 思考
A	**绝对** 认识你的研究对象	1. 查看数据 2. 搜索网站 3. 了解领导力
R	**相对** 研究相关信息源	1. 绘制行业地图 2. 文献综述 3. 使叙述一致
E	**探索** 扩大你的视角	1. 辨识好的前景 2. 拟定好的问题 3. 采访
	利用 挑战假设	1. 考虑竞争性替代假设 2. 开展正反分析练习
A	**分析** 减少不确定性 做出决策	1. 思考错误 2. 反向思考 3. 形成信念

| 目 录 CONTENTS |

| 序　章 |

做决策必须有清晰的研究路径 >> 1

| 第 1 章 |

确定关键概念：寻找接近决策核心的信息 >> 37

猎豹清单 1：你研究的关键对象是什么？ >> 41

猎豹清单 2：你的数据有哪些真实价值？ >> 43

猎豹清单 3：你研究“绝对目标”所在网站的信息了吗？ >> 53

猎豹清单 4：你清楚“绝对目标”发布的声明有哪些内容吗？ >> 58

猎豹清单 5：你知道“绝对目标”的关键人物有什么能力吗？ >> 61

猎豹清单 6：你从研究对象的意见书中发现了哪些立场？ >> 63

猎豹清单 7：你打算怎样表述自己的结论？ >> 69

|第 2 章|

补全感知位置：不同位置上的人如何看待“绝对目标” >> 71

猎豹清单 8：你能绘制出研究对象所在行业的信息地图吗？ >> 76

猎豹清单 9：你打算怎样撰写文献综述？ >> 83

猎豹清单 10：你挖掘出了哪些故事？ >> 85

|第 3 章|

拓展调研的深度：采访到高质量的对象，设计出好问题 >> 99

猎豹清单 11：你能找到多少高质量的采访对象？ >> 107

猎豹清单 12：你清楚提问的路线图吗？ >> 112

猎豹清单 13：你计划向被采访者提哪些好问题呢？ >> 115

猎豹清单 14：你知道每个问题应该如何收尾吗？ >> 120

猎豹清单 15：你审视每个问题了吗？ >> 128

猎豹清单 16：在设计问题时，你是否运用了故事板？ >> 130

|第 4 章|

审视预先假设：评估现有信息，确保决策分析的准确性 >> 145

猎豹清单 17：你是否已经做了竞争性替代假设练习？ >> 154

猎豹清单 18：你是否已经做了正反分析练习？ >> 162
猎豹清单 19：你是否绘制了调研的思维导图？ >> 169
猎豹清单 20：你是否做了情境分析练习？ >> 173

| 第 5 章 |

整合信息要素：导出论点，写出报告 >> 179

猎豹清单 21：为确保数据正确，你采取了什么必要措施？ >> 186
猎豹清单 22：你是否预先检验了收集的数据和信息？ >> 190
猎豹清单 23：你是否详细鉴定了论点陈述（一）？ >> 193
猎豹清单 24：你是否详细鉴定了论点陈述（二）？ >> 194

| 结论 |

出色的决策源于严谨的决策过程 >> 201

附录一　AREA 法和关键概念 >> 207
附录二　约翰的论点陈述 >> 214

序　章

做决策必须有清晰的研究路径

如果你清楚自己在做什么，那就不叫研究。

——阿尔伯特 · 爱因斯坦

约翰 · 克里斯托弗是尼泊尔一家慈善机构奥达基金会的创始人。2015年4月25日，约翰和家人正在伦敦旅游。在吃早餐的路上他了解到尼泊尔发生了大地震。地震造成近一万人死亡，受伤人数是死亡人数的两倍多。

约翰曾在尼泊尔苏尔凯特地区附近的一所学校志愿支教。一年后，约翰就创立了奥达基金会，向该国一个叫奥达的小村庄提供基础医疗服务。奥达村地理位置偏远，要从尼泊尔首都加德满都出发，先乘飞机再驾车和步行才能抵达，全程需要约16个小时。约翰之所以选择这个偏远的村庄，是因为这里缺乏资源，而约翰认为自己可以提供帮助。他当时推想，通过提供基础医疗卫生服务（痢疾和难产是造成奥达村村民死亡的主要原因），可以仅用约2.23美元的成本挽救一条人命。

他的努力尝试很快取得了成功。在奥达基金会开办的第一年，他估计自己的 2.5 万美元预算已经挽救了约 40 人的生命。这使奥达基金会成为全世界效率最高的健康关怀基金会之一。

约翰得知奥达基金会所在社区并非处于地震的致命范围，他稍感宽慰。他的注意力转移到了另一个亟待解决的问题上：如何迅速地把他在地震现场工作的医疗队转变为可以向尼泊尔全国提供医疗卫生服务的队伍，让其发挥更大的作用。如今的尼泊尔，突然间变得与两年前他运营奥达基金会时完全不同了。怎样才能服务于这个国家的医疗卫生需求呢？

他列出了自己的备选方案。（一）扩建现有的乡村卫生所：在主干道旁边新建一家，以便向更多的病人提供服务；（二）接受尼泊尔政府的提议，与政府医疗卫生系统展开合作，扩大政府医疗和护理服务的覆盖范围；（三）鉴于尼泊尔地形复杂，可投资购买无人机，把医药箱空投和运送到尼泊尔全国各地。

三个方案存在巨大差异，他该如何选择呢？尽管时间紧迫，但他并没有着急决策。面对似乎无法预知的前景，他怎样才能经深思熟虑后获得合情合理的结果，并有把握地决策呢？

约翰的决策会给奥达基金会的健康发展和社会声誉带来长期影响。他还必须在相关信息不完整的条件下决策：社会动荡，客观环境不断变化，尼泊尔社会对医疗卫生护理的需求非常迫切等。

大地震刚发生，约翰就带着上述问题来找我了。在地震悲剧发生前几天，我们曾在哥伦比亚大学商学院的教学大楼里见过面。在商学院，我与他人合作教一门高级投资研究课程。我教的是一种关于研究和决策流程的方法。我自创这种方法并命名为 AREA 法。AREA 是首字母缩写，得名于该方法涉及的视角。我觉得 AREA 法适合解决约翰的问题。

作为一名记者、教师、咨询师、母亲、姐姐、妻子、女儿和朋友，我明白世界上不仅少有绝对的事情，而且存在很多灰色地带。我们每个人对这个世界的体验都不相同。我整理出 AREA 法并将它作为穿越灰色地带的一种手段。同时，我把这种方法作为避免我们走思维捷径的方式。虽然走思维捷径可以轻松地做小决定，却可能会在做重要决策时损害我们的判断力。简言之，我当时的工作就是找到一种更好的方法来做重要决策。

创立 AREA 法时我意识到，这个过程远非只为研究和决策提供一种路线图，它还能让你的工作为你服务，增强你认识他人动机的能力；还能使你在工作中摒弃偏见，更得体地与他人打交道和解决问题。虽然制定决策需要想法，但是仅有想法还不够。拥有好想法与决定怎样处理这些想法存在本质区别。

如何解决重大问题或怎样做高风险决策往往非常棘手又使人有压力。朋友们问我："你想从哪里入手呢？怎样寻找信息，如何评估这些信息？在这个动荡且充满不确定性的世界，怎样才能确信做出的决策是经过深思熟虑和彻底研究的？"我坚信，AREA 法必将既带给你这种自信，又教会你具体的做法。

无论是对我、对我在哥伦比亚大学商学院和哥伦比亚大学新闻学院的学生，还是对聘请我做咨询顾问的各类企业和非营利性组织，AREA 法都屡试不爽。同时，AREA 法改变了我的思维方式。我发现自己不知不觉地把该方法的思维架构运用到生活和职业生涯的各种决策中。

AREA 法的名称，取自于其涉及的视角：绝对、相对、探索、利用和分析。第一个“A”代表“绝对”(Absolute),指第一手客观信息,这些信息处于你的研究和决策流程的中心位置。“R”代表“相对”(Relative),指围绕在研究主题周围的他人的视角。它是一种二手信息,或者说是一种已经经过与你的研究主题不相关的信息源过滤的信息。“E”代表“探索”(Exploration)和“利用”(Exploitation),这两者好比是创造力的引擎—— 一个关乎拓展你研究的范围,另一个有关增加你研究的深度。“探索”阶段要求你通过开发信息源和采访,倾听他人的观点。“利用”阶段则要求你专注于内,即审视作为决策者的你该如何处理信息,审视和挑战你的假设和判断。第二个“A”代表“分析”(Analysis),它把所有这些观点整合,处理和阐释收集的信息。从第1章开始,本书将逐一对这些步骤详细剖析。

第一个“A”与“R”共同为你提供了一些必备的工具,以便创建收集和评估信息的框架。AREA法后面部分的“E”阶段和第二个“A”阶段将给你提供详尽的审视工具,这些工具是从诸如新闻调查、情报搜集、心理学和医学等领域收集而来的。

AREA法

AREA法是一个决策流程,注重挖掘他人的深刻见解和认识他人的动机,以帮助你管控自己容易走捷径的心理。该方法的各个步骤环环相扣,从中心向外扩散,同时起到反馈环的作用。你可以把其他利益相关方的观点和见解都加入其中,直至把它们全部整合到一起。

AREA法将帮助你通过改进传统的研究和决策教学法,从以下四个方面着手，做出更高明、更出色的决策：

1. AREA 法认为，研究是决策的基本组成部分。

2. AREA 法通过构建收集观点的完整流程，解决思维上的“短视”问题——包括假设、偏见和判断。

3. AREA 法解决了如何安排时间这个关键问题，让你有时间通过计算和定向反思，以提升洞察力。也就是说，它能让你慢下来以提高工作效率。

4. AREA 法为你提供了一个清晰、简洁、可重复的流程，作为部分或整体的反馈环。

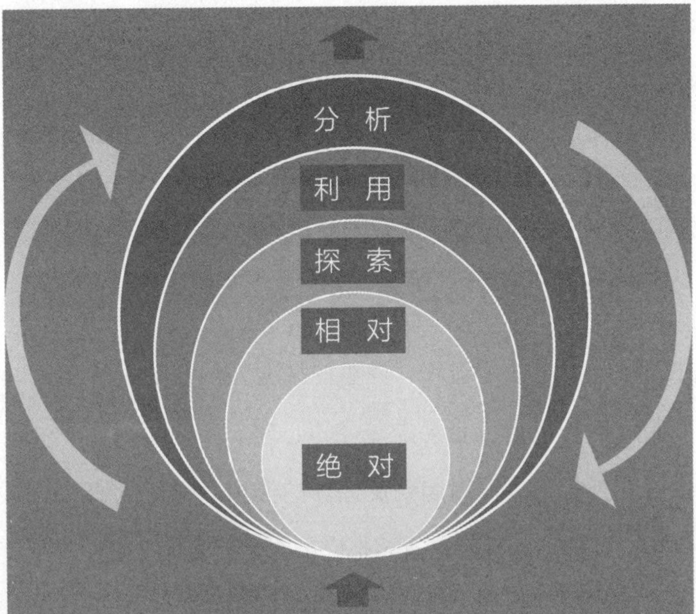

AREA 法的优点

AREA 法有助于你谨慎地做出更高明、更出色的决策。

精心拟定 关键概念	· 关键概念可以聚焦你的研究并且驱动你的决策 · 优点：让你把精力集中在最重要的事情上
处　理 偏　见	· 可以把我们的假设和判断融入我们看待世界的方式中 · 优点：AREA 法可以预先制止和防范我们走思维捷径
提　示 思考角度	· 把研究流程分解为一系列容易实施的步骤 · 优点：可以帮你弄清楚他人的见解和动机
提　炼 学习内容	· 用“猎豹清单”使你的研究暂停，“慢下来”可以提高你的工作效率——研究过程中的“策略性暂停” · 优点：将你的学习内容整理并分组，使你可以继续研究，或者回顾 AREA 法

☑ 把严谨的研究流程作为决策框架的基本组成部分

在现实中，能否做出深思熟虑的决策，取决于你掌握信息的质量。因此，你需要严谨的研究流程作为决策框架不可或缺的组成部分。当前，没有一种现成的方法可以指导你在研究过程中做最终的决策。

实际上，当前流行的许多阐述决策的书和工具往往把“做研究”或“评估所做的选择”的流程合并成一个步骤。AREA 法认为，“研究”属于涵盖性术语，它包括了一整套复杂步骤。这些步骤需要研究者深思熟虑并仔细实施。AREA 法把研究流程分解，所以它不再是一只“黑匣子”。相反，研究流程变得可管理并且被组织成一种简单易行、可分步骤开展的逻辑过程。

或许你一想到做研究就“不寒而栗”。你会想起上高中或大学时在图书馆里的难熬时光，一边在发霉、老旧的图书堆里埋头苦读，一边挣扎着不要睡着。但是你现在面临的任务——做自己生活或职业生涯方面的重要决策——并不像在学校经历的研究；这些高风险决策绝非不公开的案例。你的研究对象也不再是过去发生的事情；你在规划充满不确定性但非常重要的未来。

你需要做的决策与特定的环境（即你的研究对象所在的背景中扮演不同角色的参与者等）有某种关联。AREA 法能使你成为这个系统中的专家。从这个意义上讲，它不仅仅是供你使用的一种方法，还是由你打造的“力量”，可以成为你的行为习惯，也可以成为你看待这个世界的思维框架的一部分。

☑ 换位思考，解决思维上的“短视”

论述被错误思维支配我们思考的作品非常多。行为科学研究以及诸如罗伯特·西奥迪尼[1]的《影响力》和丹尼尔·卡尼曼[2]的《思考，快与慢》这类图书都解释了我们依赖于自己的错误直觉，并受到权威和公众情绪的左右。但是这些研究和图书都没有为我们提供克服自身错误思维的工具或技术。本书提供了很多方法，以探讨我们是如何放任偏见、草率判断和假设而推动决策的。尽管这些途径能帮助我们快速而容易地做决策，但是阻碍了我们全面和彻底地思考复杂问题的能力。换言之，我们知道自己思维上的缺陷，却不知道如何管控它。AREA 法为我们提供了主动管理这些思维缺陷的框架。

AREA 法能从一个视角变换到另一个视角，根据信息源区隔和分类信息，使你充分理解每个视角的观点和形成该观点的动机。

换位思考承认，尽管你可能认为自己理解了如何解决某个特定的问题，但是对该问题的理解不仅很有可能不完整，而且与其他主要参与者的观点存在很大差异。通过换位思考，你就能更好地认识其他参与者的所思所做及动机。你甚至可能会对事实产生完全不同的理解。但是 AREA 法并不仅仅详细研究他人的所思所做，还会通过一系列自我评估练习引导你反省。这些练习是我从医学、新闻调查和情报搜集等领域

---

[1] 罗伯特·西奥迪尼，美国学者，全球知名的说服术与影响力研究权威。——译者注

[2] 丹尼尔·卡尼曼，经济学家、教授，拥有以色列和美国双重国籍。2002 年，他与美国的乔治梅森大学教授福尔隆·史密斯一起分享了该年度的诺贝尔经济学奖。——译者注

学习和借鉴来的。它们不仅指出了我们在对研究的理解上存在的缺陷，而且能突出强调并帮助我们抓住并纠正数据中的错误和分析上的失误。

☑ 确定关键概念，把工作和思考指向真正需要解决的问题

高风险决策理应投入更多的时间和精力，但我们往往急于得出结论，以至于不愿花时间深入思考。我们已然面临繁重的工作，常常深夜还在回复电子邮件并因收到紧急短信而再次醒来。当我们需要思考的时候，我们只会挣扎着做出反应。然而，当事关我们的未来时，我们理应留出时间周密细致地思考。洞见并非仅仅来自信息收集，它还是大脑思考的结果。所以，我在 AREA 法的各个环节加入了“猎豹清单”。为什么用“猎豹”命名呢？这种动物之所以有非凡的捕猎能力，能成为令人生畏的捕猎者，不仅仅是其行动速度快，更重要的是它具备快速减速的能力。

猎豹追捕猎物时，其速度能达到约 96.56 千米 / 小时，但它们具备在一个跨步之内将速度降至约 14.48 千米 / 小时的能力。在捕猎过程中，这是一种比快速加速的能力更大的优势。这种能力使猎豹能急转弯、侧身跳和改变方向。

2013 年，研究猎豹的专家阿兰·威尔逊在《纽约时报》上刊登了一篇名为《猎豹的秘密武器：紧凑的转弯半径》的文章。他指出：“捕猎的关键在于追捕猎物时的伺机而动、加速以及躲闪和俯冲。”

AREA 法与猎豹捕猎类似，稳定性和可操作性兼而有之。该方法并非要求你持续不断地推进决策，相反，它会让你有计划暂停和深思熟虑减速，这些手段能使你在再次加速之前巩固已掌握的知识。其原因是高质量的研究和决策关乎理解的深度、灵活性和创造力。

本书提供的这套方法，中间穿插了很多“猎豹清单”板块。在你每个研究阶段的中间或后面，该板块起到了策略性暂停的作用。使用它们，你可以梳理自己的学习，防止研究偏离正确的方向，并且在每个研究阶段清楚地记录自己的工作。更重要的是，它们有助于你深入研究自己做高风险决策的动机，并帮助你找到在最终的结果中对你最重要的是什么。这就是我所谓的“关键概念”（Critical Concepts）。它们是推动你做出出色决策的关键。

关键概念是对你很重要的一件、两件或三件事情。它们回答了“我究竟在解决什么”的问题。这个问题的答案并非唯一。人们对关键概念的看法可谓仁者见仁，智者见智。在决策时，不同的决策者会在不同的时间内决策，并且他们的个性和决策要达到的目标均存在差异。观察过相同数据的两个人，或许会得出不同的关键概念，还有可能做出完全不同的决策。

逐步学习 AREA 法，策略性暂停将帮助你根据从研究中学习和综合的知识，持续不断地提炼和重新表达你的关键概念。它们是 AREA 法不可或缺的组成部分。提炼和重新表达关键概念的目的是，确保专注于做出唯一指向你真正需要解决问题的重要决定。我的这个分析方法的基础，是花时间确定对你来说什么才是关键的问题——你的关键概念。

要做出出色的决策，并不需要大量的金钱或资源，但是需要好方法，还需要清楚地意识到从决策中获得什么。无论你是做重要的职业生涯决策，还是个人生活上的决策，AREA 法都是合适的工具。它能提供一个循序渐进开展研究的框架，把你的调查和思考都聚焦到关键概念上。

☑ 一套清晰简洁并可反馈循环的方法

所有的调查工作并非都是一条道走到底，也理应不是这样。有时候，需要你回顾之前的工作步骤，做更多的工作，收集更多的数据，或者深入分析。

尽管猎豹每次捕猎的过程都不相同，但经验丰富的猎豹会从以前的捕猎中学习经验并加以运用，使这些经验更有效。在做有关想法、机遇和疑难问题的决策时，也是同样的道理。一次坚实的研究和决策，其流程理应清晰明确、可以改进、灵活变通，最重要的是能重复循环。这个流程不应当以每个想法、机遇或疑难问题起始和结束，而是应该按照从一次调查到下一次调查的结构构建。因此，随着经验的不断丰富，整个流程将会更凝练。

请放心，改进 AREA 法研究流程并不意味着缩小你思考的范围。相反，AREA 法的指导思想是不断创造认知空间，以开放地接收新输入的数据，使你从他人身上或不确定的数据中获得深刻见解。

例如，研究政治的专家依靠做预测谋生。他们做的最重要的预测之一是，谁将被提名为各党派的总统候选人。他们对参加竞选并被提名的候选人做的预测，经常能反映和影响投票者的决定，还可以帮助候选人获得电视新闻出镜和媒体报道的机会。然而，2015 年秋，几乎所有研究政治的专家都不认为唐纳德·特朗普（Donald Trump）是共和党总统候选人的可行人选。他们把焦点放在了特朗普缺乏执政经验和他的争议性上，这使他在共和党人眼中成为不合格的候选人。这里存在两种（至少两种）偏见：投射偏见和权威偏见。投射偏见是指我们臆测他人也相信我们的观点；权威偏见是指我们遵从权威数据，它们则使专家观察不确定的数据的能力丧失。选民走向投票箱并告诉那些专家，说专家们的预测出错了。各州的情况均是如此。然而，专家置之不理。他们无法走出自己的视角，最终做了错误的预测。他们不仅忽略了整个国家的政治形势，而且全然不顾唐纳德·特朗普挖掘和利用民粹主义者的愤怒而崛起这个事实。

不管你是刚开始做高风险决策的人，还是依靠其谋生的老手，都会从这个框架中获益：它能使你具备以战略性的开放方式捕捉和分析信息的能力。

从本质上讲，提倡换位思考的 AREA 法旨在帮助你审视自我，使你能更好地判断他人的动机，更客观地研究和探索问题。该方法既能帮你建立自我意识，又能培养你与他人的共鸣。当 AREA 法成为你的思维习惯时，它就可以成为你看待周围世界思维框架的一部分。因此，它或许更能促使你成为自己生活中的有心人，并能使你开始利用自己的好想法。采用正确的框架、正确的决策方式——正确的流程，你就可以把好的想法转变为伟大的决策。这是一个简单但威力巨大的等式：

好流程 + 好信息 = 伟大决策

认知偏见和 AREA 法对其的修正

思维捷径对我们获得幸福和快乐至关重要。它通过我们已知的知识，提醒和帮助我们快速处理信息，而不会被我们必须不断做的决策压得喘不过气来。快速决策不需要持续开动大脑，但会造成认知偏见，匆忙做出判断。这限制了我们客观思考和观察的能力。当我们面临高风险决策时，我们往往并不想再使用同样老套的路径。我们希望拓展思维，打开新渠道，真正锻炼客观思考的能力和创造力。

有关认知偏见和思维缺陷的优秀文章、著作很丰富。伯克希尔·哈撒韦公司副董事长查理·芒格 1995 年在哈佛大学做的演讲《人类误判心理学》和罗伯特·西奥迪尼的《影响力》是我最喜欢的。

下文列举了一些常见的认知偏见。它们会妨碍你做出出色的决策，而 AREA 法可以帮助你克服这些偏见。在介绍这些常见的认知偏见时，本书采用了这样的体例：首先介绍偏见的名称，然后介绍其危害，最后举例说明该偏见可能会以何种方式妨碍我们清晰地思考。然后，本书阐释了 AREA 法将如何修正每种具体的偏见，并介绍了在哪个章节可以找到杜绝偏见的方案。

创建 AREA 法是为了向人们提供一种简单、灵活的流程，这种流程可以把决策划分成几个阶段；你可以全部阅读，也可以选择阅读你认为能最好解决决策问题的阶段内容。你在开始研究工作前，我鼓励你通读全书，这样你就可以理解该方法的完整流程，当你真正开始研究时，就能更有效地安排和规划自己的时间。

规划谬误

规划谬误（Planning fallacy）是指，尽管我们先前完成过类似的任务，但还是低估了任务的时间、成本和风险。在研究和决策中，时间管理是一项非常重要的内容。我们可能会错过一次机会，因为我们错误地估算了做研究需要的时间。AREA 法将通过以下两个方面规避规划谬误：

1.“猎豹清单”会让你知道研究流程的每个阶段需要多少时间，这将帮助你评估完成每个阶段需要的时间。

2. 通过重复而连贯的流程，将会减少你错误地规划时间的可能性。

证实偏见

证实偏见（Confirmation bias）是一种选择性思维方式，指我们挑选并高估可以证实我们既有信念的信息，同时忽略或低估与我们的既有信念矛盾的信息。它与承诺和共识偏见（Commitment and consistency bias）有关联。承诺和共识偏见是指我们采用证实自己先前行动的方式开展下一步行动。它也同激励偏见（Incentive bias）关联。激励偏见指的是我们根据能使自己获益的对象调整自己的观点。证实偏见可能导致我们错误地阐释信息，因为它跟我们先前的观点和信念冲突。即使是在面对相反的证据时，证实偏见也会导致我们对自己的信念过度自信。在商业领域和生活中，它往往会误导你做出相当糟糕（且成本高昂）的决策。

AREA 法的创立可以减缓我们做假设型判断的极端思维倾向，同时让我们更好地评估他人的动机。

AREA 法将从以下几个方面规避证实偏见：

1. 在第 3 章，你将学习如何拟定客观的问题。

2. 在第 4 章，竞争性替代假设练习和正反分析练习都有助于你杜绝这种偏见。

3. 在第 5 章，关于“三”的原则的讨论和预先检验练习都解决了证实偏见问题。

乐观偏见

在乐观偏见（Optimism bias）下，一个人对自己或他人的判断的主观自信确实超出其客观准确性。例如，在我们觉得“99% 可以肯定”时，正确的概率可能只有大约 80%。

AREA 法将从以下几个方面规避这种偏见：

1. 在第 1 章，关于“在阅读文字叙述前先浏览数据”的内容，将指导你消除这种偏见。

2. 在第 4 章，正反分析练习和情境分析练习将解决这个问题。

3. 在第 5 章，预先检验练习将帮助你克服这种偏见。

投射偏见

投射偏见（Projection bias）是无意中产生的思维偏见。我们往往倾向于把自己的思想和信念投射到他人身上，并臆测他们的思想和信念与我们一致。这就可能导致我们出现“错误的共识偏见”，不仅让我们认为他人也像我们一样思考，而且会认为他人最终得出的结论与我们相同。简言之，这种偏见造成了一种错误的共识和自信感。例如，假如我们喜欢一种产品，我们会认为他人也像我们一样喜欢。遵照 AREA 法，你将采用一种基于信息源的方法强化审视自己的思维，同时清楚地聚焦他人的观点。

AREA 法将从以下几个方面规避投射偏见：

1. 在第 4 章，竞争性替代假设练习、正反分析练习和情境分析练习都涉及如何杜绝这种偏见。

2. 在第 5 章，预先检验练习解决了这个问题。

社会认同偏见

我们往往倾向于思考和相信周围人的想法和信念。我们往往自视为独立的个人，实际上生活在规模或大或小、人数或多或少的群体中。针对社会认同偏见（Social proof bias），AREA 法提供了一套天然的防御机制，因为该方法在结构上自成体系，鼓励你做自己的研究工作并将研究工作细分为单个、可管理的板块。采用 AREA 法，你能知道信息的来源，并专注于引发这些信息的原因和你的目标。

AREA 法将从以下几个方面规避社会认同偏见：

1. 在第 3 章，你将开发出新信息源，并学习如何提出客观问题。
2. 在第 4 章，竞争性替代假设练习会锻炼你如何分析数据以避免这种偏见发生。正反分析练习也可以帮助你杜绝这种偏见。
3. 在第 5 章，有关审核清单的讨论，将帮助你思考如何创建清单以检查信息并审视你的思维。

突出经验偏见

突出经验偏见（Salience bias）是指高估新近获得的、描述很清晰的证据的一种思维倾向。例如，在美国，人们把谋杀高估为造成死亡的主要原因，实际上谋杀甚至都没有排在前 15 位。心脏病导致死亡的人数要高出谋杀 10 倍以上。通过采用 AREA 法，你会专注于自己的认知捷径。

AREA 法将从以下几个方面规避突出经验偏见：

1. 在第 4 章，竞争性替代假设练习会确保你系统地思考收集的全部信息。通过绘制思维导图和情境分析练习，你会把证据放在大背景中分析，以杜绝这种偏见。

2. 在第 5 章，“易错性和审核清单”部分将向你提出挑战，使你把注意力集中在重要问题上，而不是突出经验偏见认为的问题上。

叙述偏见

故事（叙述）和数据，我们往往偏爱前者。叙述对我们如何理解现实至关重要，不仅帮助我们阐述、理解和解释世界，而且为我们提供了一个参考框架。我们可以利用这个框架记忆我们要表达的概念。然而，对叙述存在的固有偏好往往限制了我们理解复杂问题。例如，好的故事几乎可以促进任何产品的销售。

AREA 法将从以下几个方面规避叙述偏见（Narrative bias）：

1. 从第 1 章有关数据的内容开始，AREA 法的结构设计正是专门为了杜绝这种偏见。

2.“猎豹清单”会让你暂停，以提炼和分析信息。

3. 在第 4 章，情境分析练习将帮助你杜绝这种偏见，引导你为研究对象的关键概念创建多种叙述，使你将故事作为自己的优势而非弱点。

损失反感

经验表明，人们感受到损失的强度几乎比感受疼痛的强度高两倍多。举例来说，假如我们近期在投资中损失了资金，将来或许不大可能再做类似的投资。

AREA 法将从以下几个方面降低损失反感（loss aversion）：

1. 在第 4 章，竞争性替代假设练习会要求你先别判断，而是考虑最初不大可能出现的情景。正反分析练习和情境分析练习都会要求你预测可能出现的结果。

2. 在第 5 章，预先检验练习将引导你在做决策前先考虑失败，其目的是进一步降低损失反感。你会制订计划防止它，并提升信心，相信决策一定会成功。

相对性偏见

相对性偏见（Relativity bias）使我们过度依赖比较，抑制了我们客观地评估信息的能力。例如，当面临选择时，我们往往会挑选中间选项：不太好也不太坏的。

AREA 法将从以下几个方面规避相对性偏见：

1. 在第 4 章，正反分析练习和竞争性替代假设练习将帮助我们有针对性地消除这种偏见。

2. 在第 5 章，预先检验练习专门杜绝比较中出现的错误，并给出防止这类错误出现的方法。

权威偏见

权威偏见（Authority bias）指的是我们本能地倾向于盲目顺从并相信权威人物。比如，耐克公司出资数百万美元给罗里·麦克罗伊，让他穿带有耐克公司商标的服装。耐克公司之所以这样做，是因为它期待消费者会追随麦克罗伊购买耐克的服装产品。

AREA 法将从以下几个方面杜绝权威偏见：AREA 法可以区分“绝对信息”和“相对信息”，以消除这种偏见。假如我们从权威人物那里得到的信息与我们从别处得到的信息有冲突，我们将会调查和确定二者在哪些地方不一致。

喜好偏见

假如你喜欢某个人或某件事，你往往会向有利于之的方向解释数据。在这种偏见支配下，你往往倾向于喜欢与自己同类或具备你欣赏的品质的人。例如，你或许会倾向于支持曾经去过你母校的候选人。这种偏见与互惠偏见有关联，即我们往往会回馈曾经帮助过我们的人。AREA 法将从以下几个方面杜绝喜好偏见（Liking bias）的发生：

1. AREA 法把“绝对信息”和你从他人（如“相对”阶段和“探索”阶段的研究中接触的人）那里获得的信息区分。

2. 在第 4 章，竞争性替代假设练习、正反分析练习和情境分析练习将会帮助你区分并客观地分析数据和假设。

稀缺偏见

我们往往倾向于觊觎自己认为稀缺的东西，有时候还表现得非常不理智。比如，在房地产业出现泡沫时，投资者开始担心可供开发利用的土地有限，却没有真正的证据证实这一点。

AREA 法将从以下几个方面杜绝稀缺偏见（Scarcity bias）的发生：

1. AREA 法的结尾部分（第 5 章）专门关注于审视我们的思考。

2. 在第 4 章，竞争性替代假设练习、绘制思维导图练习以及情境分析练习解决的问题是如何在大背景中接近和评估离散的数据。

3. 在第 5 章，预先检验练习指出了你的决策可能失败的方式。

应对这些偏见非常困难，而且它们结合在一起出现威力很强大。如果只存在一种偏见，你或许能意识到，但是有好几种偏见同时发挥作用，你就很难应对了。伯克希尔·哈撒韦公司的副董事长芒格把这种情况称为“合奏效应”（Lollapalooza effect）。AREA 法能从停留在一个信息源的角度，控制这些偏见和其他决策盲点。“猎豹清单”工具会帮助你组织数据收集工作和思考。这些工具能让你暂停手头研究，战略性和创造性地思考、提炼你寻求正确决策的流程，整个做法就像猎豹捕猎。

☑ AREA 法为我们提供了做重要决策的方法

我甄选了四种不同的高风险决策以阐述 AREA 法：两种关于职业生涯，两种关于个人生活。我会在整本书中探讨制定这些决策的过程。首先，我们将深入了解约翰·克里斯托弗的经典商业决策：为了快速发展壮大机构，他应当采取何种策略呢？我们还将跟随处于职业生涯中期的克劳迪娅。她是一位广告业务经理，所在的广告行业正趋于萎缩和分化。克劳迪娅打算在被公司裁掉前跳槽，她想进入更稳定的朝阳行业。但是当她在两种差别很大的职业道路——护理和计算机程序设计之间选择时，却无所适从。

我们还将以比尔为例，详细探讨常见且牵动情绪的有关个人生活的决策。比尔必须帮助年迈的父母做生活上的决策。多年来，比尔的父母操持和维系的家是一栋多层住宅。比尔觉得，父母无法继续有效管理他们的家和陡峭的车道。比尔必须在两种方案中选择：第一，鼓励他们搬到一栋中型房屋中居住；第二，直接去可以为老年人提供全面护理服务的养老机构。

最后，我们将深入探讨迈卡的案例。迈卡是一名即将高中毕业的学生，他需要在几周后从两种不同的大学录取方案中做选择（请参考本书附录一针对上述决策者的 AREA 法研究流程和关键概念做的总结）。

上述决策的同一个主题是这些问题非常重要，值得深入研究，但要想从某种研究中获益非常困难。生活中充满了不确定性，但我们并不希望它妨碍我们。坦率地说，我们不愿意拿自己的未来做赌注。此外，我们也不想仅仅靠希望或“直觉”决策。相反，我们希望以一种积极主动的方式解决含糊不清的问题，以便在充满不确定性的动荡世界中做出深思熟虑、有说服力的决策。

例如，约翰表示，AREA 法堪称革命性的方法，不仅辅助他制定了明智、有把握的决策，而且以出乎意料的方式加速了他的筹资进程。约翰在尼泊尔地震爆发前运营奥达基金会的近两年时间里，就已经筹集了 9 万美元资金。在完成 AREA 法的研究后，他具备了用言简意赅、令人信服的故事说服新捐赠者的能力。他筹办奥达基金会的宗旨、他的运营团队获得成功的办法以及原因，都成了佐证他的故事的内容。在 2015 年 6 月和 7 月，也就是我写本书期间，约翰筹集的资金就超过了 15 万美元。约翰描述了自己使用 AREA 法的体会：

> 以前我做研究确实没有章法，只是依靠经验做 Excel 电子表和打电话。AREA 法是一种颠覆性的方法。它为我提供了一种训练有

素的解决问题的方法，确保我思考他人的动机及他们的偏见。它还教会了我大量新的创造性方法，这些方法均可用于识别信息源和信息本身。它还针对如何采访提供了实践训练，这样我就可以向正确的人提出正确的问题，从而获得有针对性的、可利用的信息。

AREA 法还给约翰提供了一些解释和分析工具，用来评估自己的工作并赋予其价值，最终做出有说服力的决策。遵从 AREA 法的步骤和要求去做，约翰不仅有了一条可以前进的道路，还获得了在关键节点思考自己研究工作的一份记录。这些记录将会为未来的决策提供依据。他不但学会了如何专注于审视他人的观点，而且掌握了识别和抑制自己偏见的方法。此前，尽管约翰与尼泊尔人共事多年，但是他从未停下来尝试从尼泊尔人的角度看问题。然而，当他在 AREA 法的研究过程中深入了解了尼泊尔的医疗卫生系统后，他把这种深入了解融入可能让自己发展壮大和成功的每种方案中。

此外，研究 AREA 法的经历提高了约翰对自己诊所当前运营状况的认识和理解。随着尼泊尔地震后开始探寻重建之路，他预计尼泊尔未来将面临更大的经济和社会动荡，而且大幅度地重建不一定表明一定会出现稳定的迹象。然而，他通过 AREA 法研究意识到，自己并没有因为犹豫不决而停滞不前。尽管存在不确定性，但 AREA 法给他提供了做重要决策的方法，这将使他的研究如愿以偿。

众所周知，有时候即使采用一种好方法，最终获得的结果也可能不尽如人意。你或许运气很差，或许撞上了大运；有时你获得的只是甜点，有时获得的是应得的报酬。我相信，通过运用 AREA 法，你将会获得必要的技能、工具和信心，以改进并强化自己的研究和决策流程。

这个过程可以带来有价值的研究工作，是针对某个问题展开全面、客观分析的一个步骤。它不仅注重谨慎地收集信息，而且注重以客观严谨、没有偏见的方式分析信息。我们的目标是通过学习 AREA 法，让自己从容自信地做出明智的、深思熟虑的决策。

研究人员告诉我们，我们每个人每天要做约 3 万个决定，包括应该挤牙膏的哪个部分以及是否应该吃夜宵等。我们做这些决定或许并不需要使用 AREA 法。然而，人生中的重要决策会带来重大影响。AREA 法将带你经历分为多个步骤的分析过程，以谨慎的方式做重要决定，克服潜在的错误和常见的偏见。

在这个流程的最后，你将做出深思熟虑、经过充分研究且有分析做证明的决策。你将在接下来的章节中读到，做出正确的重要决策绝对是非常了不起的事情。对约翰来说，这不仅意味着扩大自己的慈善事业，还意味着挽救他人的生命。对迈卡来说，这意味着他将带着自己对未来真正的规划开始大学生活，并且了解自己作为一名学生和学习者的身份定位。广告业务经理克劳迪娅心里清楚，自己已经做好了准备接受一场艰难且代价很大的生活变革，但是 AREA 法帮助她看清了自己愿意承担生活中的哪些不确定性。对比尔来说，他先前认为自己找到了可以说服父母的一站式解决方案，但最终方案却出乎预料。

现在轮到你了。

开展研究和做决策，没有绝对正确的方式。这就像不存在仅有一种吃冰激凌甜筒的正确方法一样。虽然我列出了清晰的操作程序和许多研究步骤，但并不要求你全部运用。我鼓励你了解 AREA 法的各个步骤，然后你可以大胆选择能引起自己共鸣的步骤，以及与自己做的决策关联性最大的步骤。

你可以把本书当作工作手册。翻到目录部分找到“猎豹清单”，它们将引导你找到需要的 AREA 法内容。现在，在你收集、分析和整合与自己做的决策相关的数据时，你已经有了有用的清单，其中列出了推荐使用的信息源和需要你思考的问题。

请把我描述的不同工具和方法当作建议，根据感觉大胆完善自己的研究和决策方法。但是请记住一点：通过强迫自己走出“舒适区”，做一些研究和分析，你将以建设性的方式推动自己的思维。

AREA 法已经在我身上、在我的客户那里，以及在多年来我为无数的学生授课的课堂上，获得了实际验证。该方法把艰难烦琐、令人窒息的研究和决策任务分解为更容易使人承受和管理的小任务。如果你想了解更多关于我如何使用该方法，以及这些方法如何影响了我的思维方式的信息，请登录网站 areamethod.com，查看我的网页和博客内容。

我们可以用两种方法学习其核心内容：知识的学习和技能的学习。学习 AREA 法属于技能的学习。通过运用它，你将会变得更优秀，获得提升，并将其转化为自己的技能。我们无法控制自己的运气，但是我们可以控制自己做事的方法，因此我们可以做出更明智、更出色的决策。

☑ BIAS 架构：研究你在哪些地方存在优势和缺陷

约翰像他的很多朋友那样，大学毕业就在金融行业找了一份工作。但是，第二年母亲的去世改变了他的人生观。他决定做一些帮助他人的有意义的事情。两年后，他辞掉工作去了尼泊尔。在那里，他成为苏尔凯特地区一所乡村孤儿学校的志愿者。他开始思索在附近的奥达村开办属于自己的慈善机构。

“我觉得奥达村真的需要一所孤儿院和一所学校。”约翰回忆说。有一天，当地一个男人背着生了病的 10 岁女儿来找约翰。男人说，为了见到约翰，他已经步行 3 个小时。他听说约翰曾经帮助过其他生了病的孩子。女孩发着高烧，还患有痢疾。约翰给她注射了基本的抗生素并输了液，以稳定病情，还给她找了可以睡觉的地方。第二天，小女孩的高烧退了，痢疾也好转了。她朝着约翰微笑并用尼泊尔语向他表达谢意，接着就和父亲一起走出了约翰临时居住的小屋。这次治疗费用只有 3 美元。“我意识到，尽管我不是医生，但是我也可以发挥作用帮助别人。”他说，“我可以筹集 3 美元，然后去找专业医生。我并没有打算成立一家提供医疗服务的机构。我看到孩子们虽然渴望上学，但由于患有诸如营养不良和痢疾之类的普通疾病而无法去学校。我一定要在其他情况出现前，先解决好这些问题。”

受到疾病困扰的不只是儿童。导致尼泊尔各个年龄段的人死亡的疾病，在美国和其他发达国家很容易控制甚至治愈。约翰相信，自己通过提供基础医疗卫生和教育服务，就可以改变这种状况。所以，他创建了奥达基金会—— 一家独立经营的卫生所，基金会聘用的工作人员是医务助理和其他志愿者。

2015 年 4 月大地震爆发时，奥达基金会每月可以向约 1,000 名病人提供医疗服务，治疗的疾病种类繁多，包括急性呼吸道感染、伤寒症、常见事故创伤以及其他身体损伤。奥达基金会还开展各种小型教育研讨会，比如其中一次研讨会的主题就是采取何种措施让十几岁的女孩们在生理期去上学，方法是教育并提供她们必需的卫生用品。

约翰发现，他的基金会可以发挥巨大的作用。从 2013 年 12 月 12 日成立到 2014 年年底，奥达基金会向该地区有住址可查证的约 5 万名居民中的约 2.5 万名提供了相关服务。容易预防的疾病造成的死亡人数从 2013 年的 50 人降至 2014 年的 0，而开展生理期卫生教育活动则减少了该村学校大约 70% 的学生缺勤。当 2015 年 4 月大地震来袭时，约翰意识到奥达基金会迎来快速扩大服务规模并帮助更多人的机会。但是对奥达基金会、约翰以及尼泊尔政府来说，什么才是最佳的扩张策略呢？他面临的三个选择，哪个才是最佳的呢？对他的基金会来说，每种选择都既有光明的前景又有潜在的风险，每种选择都会从根本上改变奥达基金会的性质。

第一个方案，即在路边开办一家提供基础医疗服务的诊所，奥达基金会将在第二个地点复制它在奥达村提供的医疗和教育服务，二者没有本质区别，仅仅是可以为更多病人提供医疗服务。奥达基金会仍然是直接提供服务的机构。虽然这个方案受到的限制最大，但奥达基金会可以最大限度地管控其给病人提供的服务。

第二个方案，奥达基金会选择与尼泊尔政府的医疗机构合作，并为政府医疗机构的人员提供教育和培训，这就相当于把奥达基金会变成一家教育和培训机构。这种选择会让奥达基金会获得最广泛的销售网络，但是它属于一种培训模式。而且政府工作人员的社会声誉存在问题，包括他们有缺勤的倾向。

第三个方案，奥达基金会选择无人机将药品和医疗设备空投给偏远地区，当然可以克服尼泊尔复杂的地形造成的困难，把服务延伸至更广阔的区域，但这也将改变奥达基金会的性质，使其成为一家供应医疗产品的机构。约翰想这样做吗？如果他选择这个方案，又由谁接收空投的医疗包裹呢？奥达基金会怎样确保物资能被恰当地利用呢？

这项决策决定了约翰的奥达基金会未来数年的经营方向。决策失败会让捐赠者对奥达基金会丧失信任，阻碍该组织的正常发展。决策成功则会提升奥达基金会的社会声誉，并为基金会的发展创造平台。这个高风险决策对约翰的职业生涯和生活都将产生重大影响。这是一个转折点，需要谨慎决策。此外，约翰不想直接判断这几个方案，他希望系统地收集有助于自己避开决策陷阱的信息，并在做明智的、深思熟虑的、很有可能获得成功的决策时发挥自己的优势。

这就是运用 AREA 法的好处之一：它有助于你清醒地认识你的研究领域的优势和缺陷。一些研究做起来很容易，可以获得充足、清晰的信息。而另一些研究则很棘手和繁琐，信息或许让人难以理解，或许不充足。认识到哪些事情对你有利（即你拥有什么优势），以及弄清楚你在哪些地方可能存在劣势（面临潜在的缺陷），都会让你更有成效地运用

AREA 法，即便在研究前也是如此。你可以思考如何克服自己的劣势并利用好自己的优势。

做到这一点，可以考虑用以下四种架构组织研究。当然，当你这样做时，实际上是在假设这个研究过程有多困难或容易。这四种架构分别是行为式架构（Behavioral）、信息式架构（Informational）、分析式架构（Analytical）和结构式架构（Structural），我们可以把它们统称为 BIAS 架构。

因此，如果你要考虑如何架构优势和缺陷，就会再次思考自己的 BIAS（即你假设它将如何发展）。该如何把它们运用到研究的具体情况中呢？通过采用正视自己的期望的方法，你就能抑制自己有问题的心理捷径。

· **行为式架构**：在这种架构下，你会注意控制偏见，避免这些偏见带来负面影响。

· **信息式架构**：这种架构涉及如何获取正确的数据。为了正确地决策，你必须掌握尽可能多的相关事实。

· **分析式架构**：这种架构关系到提炼和整合数据。一旦收集了正确的数据，就有保障得出正确的结论。

· **结构式架构**：这种架构与你所在研究环境存在的机遇和局限有关。它有灵活性和时效性的特点。你在正确的时间出现在正确的地方了吗？或者说你的决策是否有可能受到时间的限制，而他人面临的决策压力更小呢？约翰发现自己在尼泊尔有结构式架构的巨大优

> 势，因为他的慈善机构是地震发生时少数几个已经在现场的医疗卫生组织之一。“当‘美国行动’（Operation USA）组抵达加德满都时，我们就可以立即与其会合。”约翰说道。这使他的小慈善机构成了公众注意的焦点，“这产生了巨大的影响”。

AREA 法的结构设计就是为了让你意识到自己的优势和缺陷。上述四种架构是“共生”关系，能帮助你思考如何架构自己的研究，并且指向需要你了解和做更多工作的领域。

AREA 法承认，相比日常生活中的决策或上学时做的研究，研究和做高风险决策更像玩扑克牌游戏。打扑克牌的目的是赢，但一起玩牌的人也是为了这个目标。该如何提高赢的概率，或者说该如何选择下一步出牌的路数呢？你手头拥有的是不完整的信息，未来的局势有可能会以你可以预见的某种方式变化，而很多方式你无法预测。但牌桌上的高手会告诉你（除非他们一起在算计你），你可以收集一些信息，让自己有更好的机会甚至优势发挥实力。高手并不一定需要知道所有情况，他们只需专注于自己手中的牌可以打败什么对手。

当开始做研究时，你会像扑克牌高手那样思考。在这场游戏中，你最在乎的是什么结果呢？你没有必要算计所有的牌。实际上，那样做会分散你的注意力，费力不讨好。每位玩家都有一套自己的技术，但是他们在每局中都面临全新的局面，心中所想只是这一局的关键点在哪里。对要做决策的你来说，思索拟定决策中的关键概念也是同样的道理。正如扑克牌游戏中的人说的，这就是导致你“被套牢”的因素。因为牌桌上有你的筹码和既得利益。游戏是高度个人化的活动，非常有主观性，且针对你自己的局势。

以下两个简单的例子说明了关键概念是怎样作为 AREA 法不可或缺的组成部分的：

1. 即将高中毕业的迈卡和凯尔申请了大学医学院的预科专业。两人都考虑在两所不同的大学中选择。迈卡清楚自己想继续学习医学，并且已经在一家医学实验室干了一个夏天。他尤其对从事医学学术研究感兴趣，并期望在医科大学毕业后实习期间获得一家医学研究院的职位或者进一步深造。他考虑选择的两所大学，一所是匹兹堡大学，另一所是约翰·霍普金斯大学。他在匹兹堡大学会获得全额奖学金，而约翰·霍普金斯大学并没有为他提供任何奖学金。

迈卡的父母都是职场人士，他是父母唯一的孩子。因此，两所大学之间巨大的上学成本差异并不是他关注的关键概念。迈卡和父母关注的是接受的本科教育能否为他将来希望从事的医疗职业奠定良好的基础。对迈卡来说，有几个关键概念很重要：本科期间能否获得从事研究的机会、医学院同意学生入学申请的概率有多大，以及两所大学给予进入该校医学院的学生选择课程的余地有多大。

免费上匹兹堡大学和可以获得有限资助上约翰·霍普金斯大学，做这个选择的有四个学生，凯尔是其中之一。凯尔想成为一名家庭医生，并且他要自己负担读大学的费用。凯尔关注的关键概念是上学成本。

2. 比尔开始他的“绝对”阶段的研究时，朋友卡罗尔大加赞赏卡罗尔的父母刚刚搬进去的那家绝佳的养老中心。这家养老中心距离比尔和他的父母居住的城镇约有一个小时的车程。卡罗尔支持比尔去看看这家养老中心，但比尔知道自己的父母不像卡罗尔的父母那样善于交际。比尔父母的社交活动主要围绕自己的家人和少数几个老朋友。对比尔和他的父母来说，养老中心繁杂的社交日程安排并不是他们关注的关键概念，而待在朋友、家人及他们现有的医疗服务提供者周围，比获得新社交机遇更重要。

以我的经验来说，尽管大多数决策都有大量相关的数据支撑，但只有极少数因素对结局至关重要。例如，2011 年年末，一位从事珠宝生意的朋友正考虑销售由丹麦一家叫作“潘多拉”的公司生产的珠宝系列产品。当时，这家公司的手镯风靡一时，但是当他仔细研究潘多拉公司后发现，该公司产品的销售增长已经趋于扁平化。

针对未能实现增长预期，他指出潘多拉公司的股票价格下跌了 80%，因为市场分析人士担心其手镯产品的流行可能只是昙花一现，并且该公司有可能像其迅速崛起那样迅速衰落。这时，关于该公司的信息非常多，但所有的信息——存货周转率、价格趋势、扩大仓储基地的前景等与确定未来该公司的产品是否有更大的市场没有直接关系。所以，真正重要的是该公司的珠宝业务究竟是否会昙花一现。

珠宝商的研究聚焦于这种手镯究竟是否只是流行一时。他让第三方零售商了解消费者购买放缓的背景和消费者的兴趣是否会持续。为了确定已购买手镯的人在多大程度上会出售先前购入的珠宝，他分析了分销渠道；为了确定当时正在开展的与消费者互动的模式，他仔细分析了与潘多拉相关的互联网企业的活动；而为了了解历史上曾风靡一时的珠宝销售潮流，他采访了业内的行家。

最终，他用 AREA 法研究得出的结论是潘多拉公司产品销售量的下降主要集中在少数几个非主流产品上，而消费者对该公司产品的兴趣仍然很浓厚；潘多拉公司销售上的成功并非昙花一现。针对这个核心问题，这位珠宝商建立了信息方面的优势，结果获得了非常成功、利润非常丰厚的决策——销售潘多拉的珠宝。

AREA 法并不是让你成为研究主题最多的人。以我的经验来说，关注太多的关键概念往往会分散注意力。你的目标是创造性地深入研究和精心打磨两三个决定自己决策成败的关键概念，这样你就能真正了解重要的是什么。对我而言，那正是实际可行研究的基础。

我再次强调：开放式研究并非特别富有成效。它不但耗费时间，而且使人感觉压力巨大，反而达不到预期目的。AREA 法承认这一点的存在，并且要求你谨慎地确定关键概念。什么对你至关重要？围绕这个问题的答案，构建和形成你的研究流程。一个令人沮丧的、毫无帮助的研究流程与一个产生于细致思考、可以改变生活的决策，必定存在巨大差别。

第1章

确定关键概念：寻找接近决策核心的信息

境由心生。

——阿娜伊斯·宁

AREA 法能辅助你制定独一无二的高风险决策。但是在帮助你实现上述目标时，还要求你能在某种程度上跳出自己的思维，站在他人的角度上思考问题。这听起来有些违背常理。毕竟你试图弄清楚的只是自己关注的事情，为什么要在乎与他人有关的事情呢？

通过研究他人的动机，你不但可以更好地理解他们的行为，还能反观自己的思考方式、内心感受和行动。这种换位思考，一方面有助于你的认识从偏见转向客观理智，另一方面可以让你把制定决策与相关行为联系起来——既包括利益相关方的行为，也包括你自己的行为。站在他人的角度上思考，你就能更好地把握自己的思考角度。

AREA 法的第一个“A”代表了“绝对信息”，它表示最接近你决策核心位置的一个或多个对象。它属于第一手信息，尚未被外部的第二手信息过滤。

“绝对信息”是位于研究流程中心的最有价值的信息。例如，几年前，我看到社区商店里突然出现了大量募捐罐。罐子上面印着饥饿的狗的照片。我本能地把零钱放进罐子里，以帮助可怜的、瘦骨嶙峋的狗儿。但实际上这些钱去哪里了呢？监督和核查这些慈善组织的机制是怎样的呢？

当时，《新闻内幕》是一档在多家电视台同时播出的电视节目。我安排该节目的编辑展开了一项调查，调查对象是使用爱心募捐罐的慈善组织。此外，我们还及时地开始研究使用瘦狗照片的那家慈善机构。调查结果是该慈善机构的 990 张纳税申请表显示，它根本就没有把钱用在养狗上。这家慈善机构的管理层把绝大部分爱心款用来支付他们自己的工资，而只把剩下的钱用于给狗做结扎。由狗的视角，这种差异是十分显著的。

☑ 识别你的“绝对目标”

无论决定上哪所大学，无论决定是否送父母去疗养院，都会受到企业或组织的影响。作为个人，假如你很熟悉和很满意位于你研究决策中心的对象——你的“绝对目标”，你将会做出更好的决策。

那么，对比尔、克劳迪娅和迈卡来说，这意味着什么呢？比尔需要从他为父母做的针对退休所需护理机构的调查中获得“绝对信息”。这些就是他的“绝对目标”。克劳迪娅的“绝对目标”来自她比较过的两种职业道路——计算机程序设计和护理。她想看看两所学校的课程，以便决定在哪里接受培训；她还想看看这两个行业的潜在雇主，尤其是曾在她正考虑的学校中举办过招聘活动的雇主。克劳迪娅还想为如何在两种职业道路之间做选择而收集有关薪资的信息。迈卡的“绝对目标”则是他正在考虑的两所大学。

约翰、比尔、克劳迪娅以及迈卡的共同目标是制定他们各自的高风险决策。他们要从更好地了解那些组织和他们试图做的决策的成本中获益，所以这些组织和成本是他们做决策要考虑的核心因素。正如你刚刚读到的，这些决策者都锁定了几个组织为目标，你也应当这样做。“锁定的目标”并不总是只有一个。比尔刚开始选定了研究 7 个目标，而迈卡选定了两个目标。

通过查看直接来自“绝对目标”的信息，你就能了解“绝对目标”是如何希望自己被看到，以及它希望他人如何展现它的成就和前景。不要让外部因素或相关信息源搅乱了你对决策或问题的印象。“绝对目标”

通过展现自己而收集信息，这样你就有了把“绝对目标”与其他信息源做比较的基础，也能更容易地发现危险信号和彼此间的冲突。这些冲突将帮助你辨识和挖掘出有可能影响你深思熟虑地做出成功决策的激励措施和其他隐信息。

猎豹清单 1：你研究的关键对象是什么？

1. 你研究的关键对象和“绝对目标”是什么？为什么？
2. 这些研究对象中的关键人物是谁？他们对你研究的关键对象的参与有怎样的影响？
3. 这与你的决策有什么关系？

第一张“猎豹清单”提供了一份问题清单。这些问题有引导性，能告诉你从哪里、怎样开始研究，以及针对自己收集的数据问什么问题，以保证自己的工作专注和富有成效。你可以根据自己做决策的具体情况随意增加问题，因为这些问题与你的具体决策相关。

请在你的 AREA 法记录中记下“猎豹清单”所列问题的答案。编制一张尚没有答案的问题清单，以备进一步研究；列出信息源清单，方便你寻找答案。

☑ 审核数值型数据的含义和真实价值

一旦你认定了“绝对目标”，你的研究工作就是开始查看“绝对目标”提供给你的数值型数据。所有高风险决策都会涉及数据，且很多涉及数据的决策在金融或经济领域会衍生出有分歧的理解。尽管不是所有高风险决策都应当以数据为基础，但是了解研究对象带给你的数值型数据是有益处的。研究对象传达其数值型数据的方式，可以透露很多关于研究对象如何看待自身以及其希望被别人怎样理解等信息。

现在几乎所有人的研究都始于电脑。为了获得数据，你应该查看“绝对目标”的网站，但是请专注与研究对象相关的数值型数据。本章将学习如何查看网站，通过数据切入研究，你能以最不受影响的方式了解“绝对目标”。你可以排除“绝对目标”周围任何天花乱坠的广告宣传带来的噪声，或者可以避免自己对“绝对目标”产生任何情绪化印象。

即便你不是“对数据敏感的人”，在阅读其他内容前，数据仍会让你建立研究“绝对目标”的内部指南。如果你曾经平衡过支票簿或计算过餐厅账单上的小费，就称得上分析过数据了。

首先，通过阅读和分析数据，你就可以避开这种情况：你在一开始就假设，无论自己的“绝对目标”表达了什么，都有相应的数据证明。我经常发现，仔细阅读数据可以意外地发现“绝对目标”书面分析中没有包含的解释。如果你先形成一些信念，就能更好地思考“绝对目标”表达了什么内容。

假如你对一家上市公司的产品或服务感兴趣，你或许想查看该公司在证券交易管理委员会的档案记录。也许你不想或不需要做得这么深入，但是这些都属于可以从公开渠道获得的资料。上网简单地搜索也可以获得这些资料，大多数公司会在网上直接公布数据，或者向行业监管机构提交数据。

上述内容可以这样总结：把一开始的研究限定在研究数据上。这样做有四个目的：第一，使你尽可能客观和不受影响地看待“绝对目标”。第二，让你认识到组织或研究对象呈现给人们的数据，都与其自认为最重要的事情有关。首先快速阅读数据，着重锁定研究对象自认为关键的内容，而不是其有义务披露的内容。第三，使你开始考虑数据是否有相关性和是否清楚。例如，假如一家慈善机构表示提供了 100 份饭食，这并没有告诉你有多少人在排队领取食物。这个数据是不清楚的，我们也无法知道它们是否相关。第四，由于你事先得出了结论和解释，所以你就有可能更好地审视“绝对目标”公布的结论和对数据做的解释。

猎豹清单 2：你的数据有哪些真实价值？

1. 你可以获得哪种数值型数据？
2. 这些数值型数据有价值吗？

2.1 数据看起来合理吗？

2.2 数据中或数据之间存在某种联系吗？

3. 数据是否完整？在没有文字描述的情况下，它们是否可以让人读懂？
4. 它们有没有被标记和解释呢？如果它们很难被人理解，就已经暴露了不足。如果这些数据没有意义，相关的叙述也可能没有意义。
5. 与数据相关的图形和表格说明了你的“绝对目标”的哪些内容呢？
6. 思考是否有可能存在计算，这些计算可以帮助你获取数据。例如，当比尔考察一家养老院时，他或许要考虑养老院正式员工人数和入住者人数的比例。
7. 数据对“绝对目标”的意义是什么，对你的意义又是什么？

弄清楚数据的含义，记在 AREA 法记录中。阅读图表可以让你很好地测试研究对象表达能力的强弱。如果一张图表显示两件事情之间有关联，那么请考虑其是否有意义。

例如，下面的这幅图展示了人均消耗的奶酪量和因乱裹床单而死亡的人数之间的一种高度关联。但是从逻辑上判断，我们知道这种关联是虚假的，并不成立。我们往往有一种倾向，认为数据都准确且有意义，但事实并非总是如此。请记住，随着研究工作的展开，切勿想当然地理解数据，而是质疑所有数据。

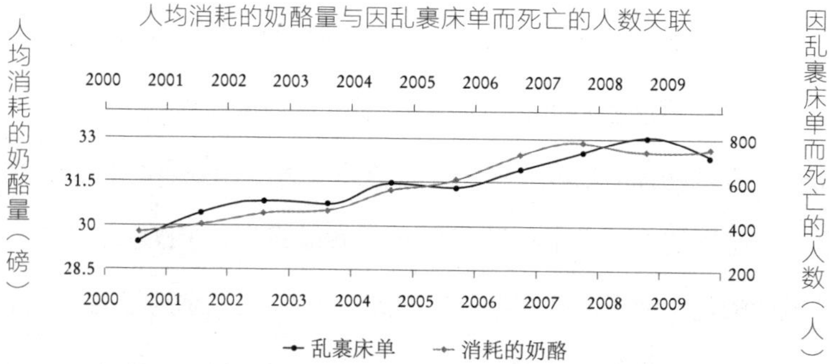

图表：泰勒·维尔根

数据可能出错的方式有很多种。我们将在第 5 章再次探讨这个话题。现在我们来考虑复查数据集时需要注意的问题：要始终确保你能理解一项研究是如何设计和具体开展的。

当迈卡开始利用 AREA 法研究待选的两所大学时，他知道约翰·霍普金斯大学是全美国著名的顶尖学府。基于该校的社会声誉，他更倾向于约翰·霍普金斯大学，而不是匹兹堡大学。但是他认为不能轻易做这个决定，或者应根据社会认同做决定（根据社会认同做决定时，我们往往会依据他人的想法）。由于事关数万美元和迈卡的未来，迈卡的父母觉得需要一个系统、严谨的研究流程帮助他们做这个决定。

迈卡开始从他的“绝对目标”（即学校）那里收集关于待选大学的数据。他看到约翰·霍普金斯大学的资料手册上说，据《美国新闻与世界报道》报道，该大学的教育、公共卫生及生物医学工程专业在美国排名第一。匹兹堡大学的资料手册并没有说明自己的专业排名情况。在他的“相对”阶段的研究中，迈卡知道自己想看看《美国新闻与世界报道》对两所大学的报道，以了解它们各自的排名情况。但是因为有上述报道，所以他没有得出约翰·霍普金斯大学“好于”匹兹堡大学的结论。迈卡明白自己应该质疑这些数据，以确定这些排名是怎样得出来的。

此外，迈卡吃惊地发现，约翰·霍普金斯大学的报告称，在表示对医学预科专业感兴趣的新生中，只有 20% 的人最终申请了医学院。然而，令人倍感激动的是，他了解到在学生中有超过 80% 的人拿到了至少一所医学院的录取通知书。他知道在“相对”和“探索”阶段，由于在网上找不到匹兹堡大学的相关数据，所以他需要找到关于该大学的数据。

再者，仅仅通过查看两所大学的资料手册，迈卡就注意到了它们记录的数据差异非常大。约翰·霍普金斯大学选择宣传的是自己取得的成就。该大学把诸如 1972 年发明了可植入身体的充电式心脏起搏器以及该校获得诺贝尔奖的人数之类的信息列在了宣传手册的“显要位置”。与此形成对比的是匹兹堡大学的宣传手册只记录当前发生的事情。比如该校各个机构拿到的研究经费，以及一张关于赞助捐赠来源的清单。迈卡看到两所学校的宣传资料侧重于采用不同的数据，并且宣传的是不同的内容。他有到约翰·霍普金斯这样有辉煌历史的大学上学的想法，但匹兹堡大学向他展示的校园生活方面的优势似乎也非常吸引人。

像迈卡一样，约翰对自己的决定也有一种本能的反应，他想控制自己的本能。他认为应该在尼泊尔开设第二家卫生所，因为第一家卫生所取得了成功。他很自信地认为，可以复制这种成功。然而，他知道自己在做重要的假设。为了对自己的决策更有信心，他想在决策时表现得更专业和谨慎，他不想落入规划谬误的陷阱。我们往往很容易陷入规划谬误，从而低估了花在一个项目上的时间、成本及潜在的风险。他也知道，需要把一些研究成果和数据呈递给潜在的出资者，以使他们支持他扩建卫生所。

关于奥达基金会扩张规模的选项，在“绝对”阶段的研究中，约翰做了哪些工作呢？首先，他担心缺乏数据。他意识到自己正在做另一种假设，因为当他坐下来开始工作的时候，他发现自己的“绝对目标”——尼泊尔政府，已经向他提供了一些事实和数据。

为了更好地理解尼泊尔政府如何看待和描述其医疗体系，同时为了弄清楚尼泊尔政府医疗体系的工作机制，他搜索了相关信息。他想知道尼泊尔有多少家医疗机构。它们是一些怎样的机构（是卫生所还是医院）？它们的位置在哪里？它们提供的医疗服务有哪些？当前哪种疾病是最普遍的？尼泊尔现有的医疗机构能充分满足需求吗？

接着，他根据已经找到的某地区的相关信息，核实了这些数据。这个地区处于主干道边上，正是他打算开设新卫生所的地方。附近还有哪些医院或卫生所呢？每家医院或卫生所都有正式员工吗？有没有关于这些机构诊治疾病种类的数据呢？

“绝对”阶段的研究揭示了一些事情。首先，它给约翰提供了一张尼泊尔全国范围内可选择就诊的医疗机构的地图。其次，它揭示了在他考虑开办诊所的地区，医疗服务的确比较缺乏。到达服务于该地区地理位置最近的医院几乎需要 4 个小时的车程。对很多人来说，这意味着需要步行 12 个小时。

他还证实了一件事——根据统计，奥达村现有的医疗机构主要诊治的疾病的发病率与尼泊尔其他地方该疾病的发病率基本一致。所以，他对自己的团队可以在新医疗机构中提供恰当、有价值的医疗服务非常有信心。然而，当他看到该国的人口数据时，他意识到此前自己做了错误的假设，即他之前认为正考虑新开诊所所在地区的绝大多数人都居住在首府城市。

数据显示，该地区只有 6% 的人住在城市。这导致的结果是什么呢？他正考虑在主干道边上新开的诊所所在地区的人数比他设想的多很多。届时奥达基金会将需要更多的工作人员、更多的医疗物资，以及更高的预算，才能提供完善的医疗服务，并对该地区的医疗卫生状况产生更大的影响。

当约翰思考这对医疗卫生状况产生的影响时，他意识到自己不能对新诊所服务的社区的医疗需求做假设。通过深入思考先前的假设，他意识到并避免了突出经验偏见。他不能假设一家新诊所服务的社区的医疗卫生需求，能准确地反映整个奥达村的需求。这之间的确存在交叉，但是奥达村可能还需要哪些医疗服务呢？

更多现有问题的答案和新问题也浮现出来了。约翰收集的尼泊尔政府提供的有关数据中，有些地区的数据显得过时且不完整。约翰清楚，自己需要在 AREA 法研究的"R"阶段（"相对"阶段）重新确认和更新一些数据，以评估自己在"绝对"阶段收集的数据是否靠得住。

下面是从约翰 AREA 法工作记录中摘录的"绝对"阶段研究的例子。

· 选项 1：位于路边的诊所的单点定位

· AREA 法"绝对"阶段：认识你的研究对象

约翰在尼泊尔政府网站上找到了下面这张地图。图中显示了卡利科特地区的地理位置。他在图上添加了“坐标”。在奥达基金会所在地画了一个五角星标志，在计划新建的诊所所在地画了一个方块。随后，他还把每个诊所能覆盖的区域用阴影标示出来。假如约翰在奥达村开第二家诊所，其位置应该选择在他现有诊所附近的大山的南麓。

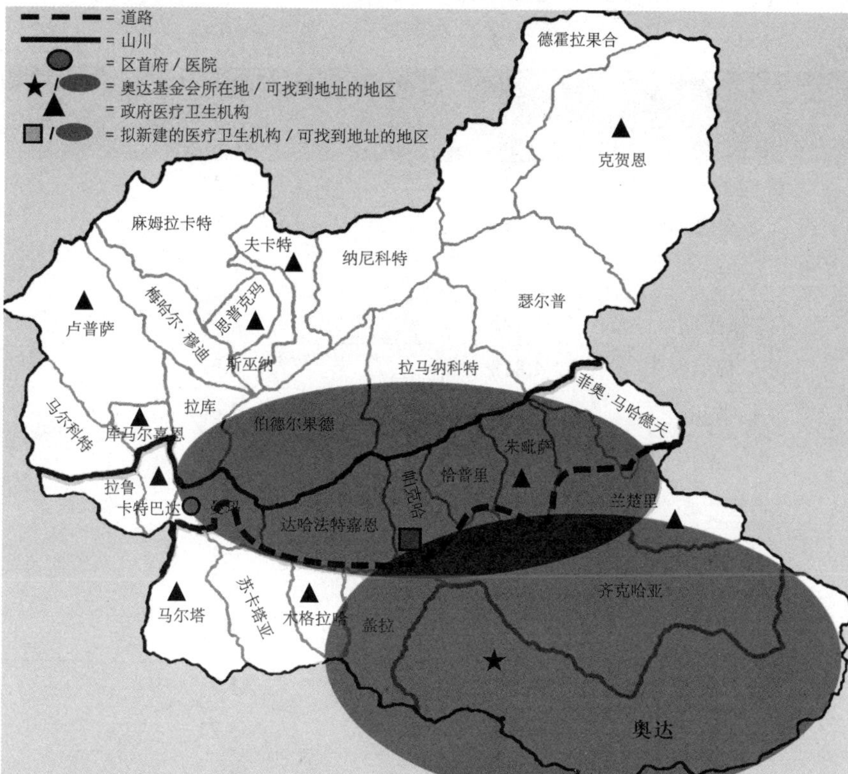

约翰在他的“绝对目标”——尼泊尔政府的网站上，找到了关于卡利科特地区的人口数据。数据显示了每个乡村发展社区的人口密度，所

以他可以看到每个诊所周边居住的居民人数。

盖拉、帕克哈和齐克哈亚是奥达基金会目前提供医疗卫生服务的三个地区。他将曼玛、马尔塔和达哈法特嘉恩作为第二家卫生所可以提供医疗卫生服务的地区。找到这些具体数据，他很兴奋，但他不确定该数据是否可靠。他还没有意识到数据的含义：新卫生所可能需要服务更多的患者，以致奥达基金会无法应付。

拟建卫生所辐射区域人口统计表		
数据来源	人数（人）	就诊人口占总人口比重（%）
机构类人员	431	0.23
朱毗萨	3,279	1.72
兰楚里	3,334	1.75
木格拉哈	3,925	2.05
菲奥·马哈德夫	4,818	2.52
恰普里	5,089	2.66
奥达纳库	5,223	2.73
卡特巴达	5,435	2.85
盖拉	5,513	2.89
帕克哈	5,899	3.09
齐克哈亚	6,451	3.38
苏卡塔亚	7,095	3.71
达哈法特嘉恩	7,084	3.71
拉鲁	8,265	4.33
马尔塔	9,958	5.21
曼玛	12,884	6.75
总计	94,684	49.57

像约翰一样，你或许会从“绝对目标”那里收集到自己不完全理解或不可靠的数据。鉴于权威偏见的影响，我们往往很容易把数据当作真理。例如，政府收集的有关通货膨胀的数据。我们一般把政府视为行事可靠且没有偏见的机构。但是政府在使用这些统计数据计算公民权利性支出的增长幅度时，有控制这些数据的动机。你的研究对象是否存在展示不可靠信息的动机，而这些信息有可能会导致不可预知的结果呢？

比尔在“绝对”阶段的研究似乎与约翰差别很大。但是比尔还是从数据着手。他一开始就把搜索的养老院限定在距离父母居住地约 16.1 千米的范围，并最终确定了七个备选的“绝对目标”。他排除了不能提供全面护理服务的高端养老院，因为父母会变老，随着他们身体条件的变化，他们对医疗条件的需求也在变化，并且他们喜欢待在一个地方。找到符合这些条件的养老院，是比尔最理想的“绝对目标”。

接着，他想考察不同养老院的入住成本。他惊讶地发现，在养老院的网站上几乎找不到任何关于收费标准的信息。在七家养老院中，只有一家在网站上公布了收费标准（入住费从单人间 11.9 万美元到两人间超过 100 万美元不等。除此之外，养老院每月还要收取一定数额的其他费用）。那么，这个收费标准是高还是一般呢？他没有找到可以做比较的依据。比尔做了记录，在他的“探索”阶段，在他与养老院签订合约前，他搜集了有关费用的信息以及养老院各项服务占比的统计数据（独立生活、有人照料生活，以及提供失忆症护理服务）。

克劳迪娅查看了护理培训学校和计算机程序设计培训学校的培训费用后，多少有些惊讶。仅仅是注册护士培训速成班的培训费用就高达 4 万美元，而前期计算机程序设计培训费用相对较少。但是她并不想仅仅根据前期培训费用就选择未来的职业，她着眼于长远的将来。所以，她并没有止步于此。

☑ 分析“绝对目标”所在网站的信息

分析了这些数据后，应该更广泛地研究你认为很重要的对象（你的“绝对目标”）。网站是研究对象最大化公开宣传自身的媒介。

网站的灵活性非常高，不受相关规范的严格制约。所以，它们是“绝对目标”可以选择宣传自身极有价值的场所，并且受到外界的干扰很小。虽然不同的研究对象侧重于不同的宣传，但是它们通常会尝试向受众宣传与自己的价值观相关的信息。你应该在这些网站上搜索与自己的决策相关的数据。请你使用“猎豹清单 3”作为自己想要提出问题的模板。

猎豹清单 3：你研究“绝对目标”所在网站的信息了吗？

1. 网站的受众是谁？你是怎么知道的？

   1.1 “绝对目标”的主页传达了什么信息？

   1.2 网站是如何建立的？其定位是什么？有哪些栏目？

2. “绝对目标”在其网站上使用了什么内容和语言？经常更新吗？
3. “绝对目标”宣传了自身的哪些成就？
4. “绝对目标”是如何传达其价值观的？它又是怎样实践这一点的？这跟你有关系吗？
5. 网站讲述了什么故事？
6. 请阅读你的“绝对目标”描述其数值型数据、图形和表格的方式，并思考这是否与你理解这些数值型数据的方式一致。存在理解上的差异吗？
7. 是否有重要的信息没有展示出来呢？（这个问题涉及“绝对目标”塑造其故事的方式。例如，比尔考察的养老院的网站上并没有价格方面的数据。这让他怀疑该养老院缺乏透明度。）
8. 如果“绝对目标”是上市公司，其网站的投资方关系页面是如何建立的？是否很容易通过该网页链接到其他页面呢？有没有提供证券交易管理委员会的相关文件呢？在该网站上获取财务和其他商业经营信息困难吗？

清单中的问题的答案会有所不同，但你的目的是了解“绝对目标”如何看待自己，并确定你想在哪些方面质疑“绝对目标”。请在 AREA 法记录中记下对这些问题给出的答案。

在“绝对”阶段，比尔对数据的研究收效甚微，他很沮丧。但他必须从情绪化中走出来，没有任何主观判断地探索“绝对目标”的网站。他想知道“绝对目标”如何看待自己，而不是指责其没有提供收费信息。

克劳迪娅着手查看为两种待选职业提供培训的学校的网站，以及这两个职业领域的主要雇主的网站。尽管并非全部都是正面信息，但网站搜索工作为她带来了非常宝贵的信息。克劳迪娅听说，由于她十年前已经获得了心理学学士学位，所以她有资格申请参加注册护士学位培训课程，并且可以在不超过 18 个月的时间内拿到注册护士执照。这比大学生通常要完成四年的课程才能拿到学位快多了。甚至计算机程序设计培训需要的时间更少：她可以在 6 个月内完成相关培训后，进入该行业工作。但是她也发现，在这两种行业中升职比她原先认为的更困难。

克劳迪娅的网站搜索工作显示，选择参加两所学校的培训都存在一些意料之外的障碍。对护理培训来说，她必须在申请参加培训前先完成必修的科学课程，而全美国最好的计算机程序设计培训学校也要求申请人必须有 150 个小时的前期工作经验。

迈卡搜索两所大学网站的经历非常有趣。他想给父母分享自己在网站上的发现。但是当他们一起来到电脑前并打开网站时，页面却更新了，而且新旧主页的差异让人非常吃惊。

反复访问“绝对目标”网站时请注意，先前的搜索可能会“蒙蔽”当前的搜索。例如，当迈卡在笔记本电脑上浏览约翰·霍普金斯大学的网站时，即便是同时访问了相同的统一资源定位符（URL）并使用了相同的浏览器，他看到的主页与他和家人一起看到的主页也不相同。当你通过网站收集研究对象的信息时，你的浏览器同时也在收集关于你的信息。

尽管登录的页面不同，但迈卡和父母都看到约翰·霍普金斯大学的网站侧重于宣传自身的辉煌历史。在他父母登录的页面上，约翰·霍普金斯大学将自己宣传为“全美国第一所研究型大学”，并且页面上展示了一系列极有吸引力的校园图片。然而，网站并没有任何介绍学校当前情况的信息。即使当他们访问“关于我们”页面时，学校宣传的重点仍然是其历史。约翰·霍普金斯大学的定位是吸引有志于被写入校史的学生。

匹兹堡大学网站的首页则少了很多“小题大做”地对校史的宣传，它的访问量很大且侧重于展示学校一天的活动。页面以宣传学校近期发生的事件为特色，比如该校橄榄球队击败了锡拉丘兹大学橄榄球队。然而，在该主页右面正中间的位置有一个关于“入学报名预约”的小框，以及一个针对预科生的信息栏。“关于我们”页面特意放置了一段关于本科生的视频，标题是“匹兹堡大学创造美好生活的历史”。在该页面的右面还有一个小框，概述了学校的一些重要统计数据，比如本科生人数、全职和兼职教师人数，以及师生比例。约翰·霍普金斯大学的网页并没有这些数据。在面向未来学生群体方面，匹兹堡大学的网站似乎更开放。约翰·霍普金斯大学侧重于宣传取得的辉煌成就，而匹兹堡大学强调的是学生未来将取得的成就。

阅读和分析研究对象选择展示自己的方式，可以深入了解它的关注点，也可以清晰地了解它是如何看待自己的业务的。

当比尔替父母查看养老院网站时，他起初的“绝对目标”是找到和了解一些基本要素：人物、事件、原因、方式及时间。他的关注点包括每家养老院可给予入住者的独立程度、养老院的医疗服务以及娱乐服务水平。比尔研究了每家养老院的楼层平面图和入住人员的构成情况。他还想评估各个养老院建筑设施的新旧情况以及是否需要修理。他很快排除了七家待选养老院中的三家，因为它们没有能力为入住者提供真正独立生活的环境。

在探究了剩余四家待选养老院的网站后，比尔意识到约 16.1 千米的距离可能比较近，但是在威斯切斯特县已经算很遥远的距离了，这是由这个县的地理情况决定的。比尔建构了一个很糟糕的关键概念，因为他的父母重点关注的是要维持同他们的医生已建立起来的关系。所以，要让他们住得离家近一些，这一点比尔不想妥协。

比尔待选的两家养老院可以提供很棒的医疗服务，但是它们的医生隶属的社区医院位于父母居住县的另一端。这会带来诸多不便。

在快速浏览网站后，比尔提炼了自己提出的关键概念，并把待选养老院减少至两家：位于瑞伊的奥斯本养老院和位于瓦尔哈拉的威斯切斯特草地养老院。这两家养老院都各自提供了楼层的平面图，还提供了从独立生活和辅助生活到临终关怀和对丧失记忆力者护理的一整套服务。比尔很高兴奥斯本养老院隶属于正在给他的父母提供服务的医疗集团公司。

比尔在“绝对”阶段的研究中提出的问题比他回答的问题还多。但是这项工作帮助他锁定了自己的关键概念，并深入研究了什么是重要的问题。

当比尔开始他的“相对”阶段研究时，他想解决此前无法解决的问题——获得两个待选养老院的报价，他知道这是自己关注的主要问题。当然，他还想从其他角度了解这两家养老院。具体来说，他想要知道入住者是否快乐、入住者的投诉情况，并阅读有关这两家养老院的评论。比尔觉得通过彻底研究他的“绝对”阶段的研究工作，他对这些养老院怎样看待其自身，以及其希望自己怎样被别人看待，都有了深入的了解。他已经列出了一系列问题，并为下一步进入“相对”阶段的研究做好了准备。

☑ 深入研究“绝对目标”发布的新闻稿

除网站外，你的“绝对目标”也通过发布新闻稿的形式与外界交流。那么，当它发布信息时，会说些什么呢？

猎豹清单 4：你清楚“绝对目标”发布的声明有哪些内容吗？

1. 你的“绝对目标”是怎样利用自身的优势发布信息的？它发布的是具体的、实质性的信息，还是有宣传性和推测性的信息？搞清楚这些问题，你就有可能了解声明的内容和你的“绝对目标”的动机。
2. “绝对目标”发布新闻稿的频率有多高？这个频率不仅表达了“绝对目标”希望以哪种方式与外界交流或自我推广，还提供了其领导层看重的某些重要信息。
3. 留意新闻稿的口吻和措辞。它传达了什么信息？
4. 仅仅是遇到重大消息才发布新闻稿，还是发布一些看似微不足道的消息呢？有证据证明新闻稿中宣称的内容吗？

克劳迪娅发现，纽约大学护理学院发布的一篇新闻稿赞扬了一位教职工。这位教职工发表的一篇社论引起了一场大辩论。辩论的主题是关于护士是否应该取代医生成为初级护理医师。她担心这可能会影响该校在各医院和用人单位的声誉。如果她学习有争议的专业，将来获得实习职位是否会更困难？这是她在了解纽约大学护理专业时得到的另一组数据。克劳迪娅在网站搜索工作中注意到，纽约大学该专业的学费是她考察的所有护理专业中最贵的。此外，该校似乎对转移和接收学分有很严格的规定。她知道自己要在接下来的 AREA 法“相对”和“探索”阶段进一步深入研究这些问题。

☑ 研究关键人物的领导力

接下来考虑并了解有关领导力或管理的信息。有些决策者可能想了解研究对象中关键人物（即你的“绝对目标”中的“谁”）的相关信息，比如他们的资历、决策能力和影响力。

并非所有的高风险决策都需要调查和研究领导力，但对约翰来说，这一点非常重要。他的全部待选方案都有依赖政府的因素。能力欠佳的领导者会损害他自己所在组织的声誉，或者会损害政府对他的承诺。如果约翰选择新开一家诊所，政府承诺将捐赠一栋楼，以安置新设施和人员。如果约翰选择与政府合作，他将直接在政府的医疗卫生系统内工作。如果他选择投资无人机，他必须获得政府的许可，可能还需要政府的援助。

所以，约翰必须考察政府的医疗卫生部门，弄清楚其运转方式，以及相关负责人的情况。政府医疗部门及其领导者有怎样的工作经历和成就呢？约翰能了解多少关于政府医疗卫生机构和领导者的信息呢？“人们每天抵达我们的诊所要花几个小时。”约翰表示，“他们在别处无法获得任何医疗卫生服务。这是因为别处没有医疗卫生设施吗？还是政府医疗卫生机构服务质量低下？或者兼而有之？”

对比尔来说，他并不需要关注养老院的个体成员，但是他的确想知道是什么人在管理他们。领导者是新上任的吗？他们有怎样的背景？他们是长期从事医疗卫生行业的专业人士吗？或者他们有酒店行业的从业背景吗？他们的工作经历能揭示他们关注什么焦点内容呢？

对在护理专业和计算机程序设计专业做选择的克劳迪娅来说，诸如未来的工作安排、培训时间的长短、培训需要的成本以及收入的增长潜力等，要比调查和研究谁是某个计算机程序设计培训学校或护理专业的负责人更关键。尽管她此前对纽约大学备受争议的新闻稿做了记录，但这并非她真正该关注的问题。

在研究约翰·霍普金斯大学和匹兹堡大学时，迈卡并没有完全迷失，他把关注点放在了医学预科课程上。他并不需要考虑校长是谁，但是他确实想知道负责医学预科专业的是哪些人，谁是指导老师，谁是主要的教授，谁在做有趣的医学研究。通过了解这些关键人物，他为自己下一阶段的 AREA 法研究做好了准备。

迈卡查看了这两所大学的课程清单，确定了教物理学和化学等学科的教授名字。他把这些信息暂时放在一边，因为他知道自己将在“相对”阶段查看 College Confidential.com 和 RateMyProfessor.com 这两个网站。

猎豹清单 5：你知道“绝对目标”的关键人物有什么能力吗？

1. “绝对目标”的领导者是什么类型的？是事必躬亲型领导者，还是战略型领导者？是有销售员背景的领导者，还是有工程师背景的领导者？属于积极进取型，还是沉稳扎实型？
2. 他是如何获得这么高的职位的？取得这样的成绩，能说明他有怎样的优势和劣势？
3. 在获得现有职位前或期间，他取得了怎样的业绩？这些业绩对你的“绝对目标”有什么影响？
4. 他的报酬是多少？报酬的构成是怎样的？促使他有这样的工作表现的激励机制有哪些？这些激励会持续多长时间？如果你考察的是一家上市公司，就可以在股东签署的委托书上找到这些信息。如果你考察的是一家慈善机构，请查看它的纳税申报表。

某种类型的领导者或首席执行官并不一定好于其他类型的领导者或首席执行官，但确定领导者的优势和劣势很重要。此外，思考他的兴趣与其所在企业的目标是否一致也很关键。了解领导者是如何做到现在的位置的，他是否在当前企业干了很长时间，他是否是刚从外部招聘来的，他之前有什么经历，这些也很重要。了解领导者看重什么。他是否为企业带来了回报？很多企业都是由精明能干的领导者挽救的，也有很多是被不称职的领导者毁掉的。

了解领导者获得薪酬的机制，你还可以获得更多信息。他们所在企业是如何在薪资方面激励他们的？通过推迟发放薪酬或期权组合，某些领导者或首席执行官大量投资的收益与他们所在企业的未来前景捆绑在了一起，其中一些人的收益则以现金支付。这些薪酬结构对企业领导者产生了不同的激励，而这种激励常常会以让人意想不到的方式释放出能量。

☑ 探寻“绝对目标”的研究报告

为了在“绝对”阶段完成基础研究工作，我建议你探寻并确定你的“绝对目标”是否发表过关于某个问题的研究成果、政策分析报告或建议书。约翰考察了尼泊尔政府是否公布过任何有关医疗卫生的正式声明，或者公开发表过任何有可能与奥达基金会的核心竞争力互为补充或有冲突的倡议。

在考察养老院是否发表过任何意见书时，比尔偶然发现有关奥斯本养老院的政策辩论稿。辩论稿披露了奥斯本养老院擅自使用入住者身体状况的信息做研究，而这些信息是受法律保护的。这种做法是否是行业允许的？该养老院事先告诉过入住者吗？他不确定这是怎么一回事。但该养老院的这种做法是否会让入住者受益呢？是否意味着他的父母有可能获得顶尖的医疗护理，或者意味着他们将会做不必要的检查？他想在自己的 AREA 法研究中找到这些问题的答案。

猎豹清单 6：你从研究对象的意见书中发现了哪些立场？

1. 你的研究对象确立自身立场的依据是什么？为什么？
2. 它表达了什么立场？
3. 如果你的研究对象用一份研究论文表达自己的立场，该研究论文的作者可靠吗？该研究的资金来自哪里呢？
4. 你的研究对象为什么要对外泄露这些信息？它发表这种研究论文的动机是什么？有办法确定其影响吗？

☑ 拟定论点陈述，总结“绝对”阶段研究的最终结论

请利用看“猎豹清单”的一点时间，暂停研究，并草拟言简意赅、有说服力的论点陈述，总结在“绝对”阶段得出的结论。这个论点陈述应当能回答诸如“我在这个阶段的研究中学到了什么知识？这些知识的含义是什么？”或“我的‘绝对目标’背后的故事用它自己的话表述是什么意思？”之类的问题。这个步骤能把你的“绝对”研究阶段的所有工作整合到一起。你还可以根据自己的想法，把这个阶段的研究分为任意几个部分（例如，你的“绝对目标”公布的数据、网站、正式声明、

领导团队的观点以及研究报告等）。

撰写好论点陈述并非易事。但是，做这件事非常关键，如果你能做好，就可以获得灵感。完善的论点陈述是前期投入，它会让你在后期的研究中节省时间。通过强制要求自己得出各研究阶段的结论，你就不只是在收集信息，随着研究工作的推进，你还可以整合和分析自己的研究工作。如果你注重信息自身的意义，就会让你的关键概念更完善，这样你的研究就可以明确重点并且永远保持高效率。

写作就是思考。当你不得不把论点写出来——把你的工作及其意义用因果关系表达出来时，往往会发现自己的理解有漏洞。阿尔伯特·爱因斯坦曾说过："如果你还不能轻松地解释它，就说明你还没有充分理解它。"我多次发现这个说法非常符合实际。当我绞尽脑汁尝试拟定清晰的论点陈述时（当我无法定义自己已经做了什么或为什么这样做时），通常就意味着我必须做更多的工作。

好的论点陈述通常包含三方面的内容：你的研究、你的发现和你做的解释说明。最后一点，即你的解释说明，非常重要。它意味着你不仅已经花时间做了研究，而且弄清楚了"这些信息表达了什么意思"这个问题。这些研究和发现说明了什么问题呢？通过拟定好的论点陈述，你就可以反复咀嚼自己的研究过程，因为它要求你具体表达一个重要想法，或者表明一种立场。

在最好的情形下，言简意赅、有说服力的论点陈述仅仅是由凝练的几句话构成，并且可以用实例和证据证明和解释。这里有一个例子，1865 年，林肯在福特剧院被刺杀后，美联社的一名记者写下了论点。尽管这是一篇新闻稿的导语，但它言简意赅地阐明了论点陈述的一些组成要素：

> 总统今晚在一家剧院里遭到了枪击，创伤有可能是致命的。

这个论点陈述的前半句说明作者已经收集和整理了相关的证据，后半句说明对该证据的分析产生了一种见解。请注意，该新闻线索言简意赅，极有说服力。它根据当时已经掌握的全部证据，论证了接下来将会发生什么。它向读者提供了新闻事实及其含义。当然，“创伤有可能是致命的”属于主观判断，其基于新闻记者的观点。整条论点陈述都属于主观判断，而这个主观判断是否能采用，实际上取决于数据信息是否真实可靠。

论点陈述应当解决下列问题：收集的信息是什么？这些信息是从哪个视角看问题的？这些信息表达了什么意思？根据目前了解的情况，你的判断是什么？

用论点陈述记录自己的证据、想法和主张，往往能为自己指明下一步研究方向，或者指明在做下一步研究前还需要完成哪些工作。思考在每个研究节点上的论点陈述，将会为自己指明下一步该做什么。请遵循这个指示。它可以教会你很多事情，例如，哪些决策会顺利进行，哪些决策最终将会偏离计划。

到 AREA 法整个研究流程结束时，你将拥有一系列论点陈述，并可以比较、对照和整合它们。因为你详尽记录了自己的想法，不需要再次创造新想法，在事后也不会轻易受到偏见的影响。后见之明会让我们错误地认为某些事情过去可能未必像现在这样。

由于拟定的论点陈述会带来一些问题，所以，建议你写下研究过程中出现的每个问题，并且在推进过程中回答这些问题。切勿抹掉这些问题，这样你就能在设计自己的 AREA 法研究时保留思维的痕迹。

作为一名优秀的研究者，你不仅要考虑自己决策的质量，还要考虑决策的结果。可能在这个阶段的研究还不是很有效率，但这没什么。这些窍门有助于提升你的研究效率，使你现在付出的时间和精力发挥效用，最终帮助你加快后续的研究工作。你的目标是通过把研究体系和焦点问题集中到流程中以简化决策过程。

下面列出了约翰在“绝对”阶段的研究中写出的三个论点陈述：

> **路边诊所**：在尼泊尔卡利科特地区开一家私人诊所将会成为新医疗卫生服务机构，显然该地区急切需要。这会让潜在的患者人数增加一倍以上，达到 2 万多人次，也需要我们增加 3 名正式员工，每年还需要增加预算支出约 2.4 万美元。这就必须增加约 3.6 万美元的筹款，其中约 2 万美元是需要我们寻找并补足的资金缺口。

> **与政府合作**：如果与政府的医疗卫生系统合作，我们就可以利用强大的政府关系和现有的医疗卫生基础设施，向新社区提供医疗卫生服务，把我们的基础医疗护理服务推向更广阔的地域，并在整个卡利科特地区做全面的医疗卫生需求分析。近期的普查数据不仅

证实了这一点，而且表明该地区有超过 9.5 万人或者说约有一半人口的居住地距离拟建诊所超过了 4 个小时的车程。这种选择将增加一名正式员工和约 2.9 万美元的预算，其中约 1.9 万美元是尚未补足的资金缺口。

无人机空投医疗包：无人机技术在尼泊尔的新技术发展领域并没有发挥重大作用，但是很多发展中国家都在探索和研发，并且有在医学领域大规模应用的潜力。鉴于奥达村在飞行距离、海拔以及有限的文化和行业监管等方面存在障碍，这项技术有经济和操作上的可行性。然而，生产无人机的公司有 250 多家，且分布于 60 多个国家和地区，其价格从 500 美元到几十万美元不等，所以资金和运营上的合作必不可少。此外，需要更多地研究和了解该行业及其物流状况。

上述论点陈述总结了大量的研究。通过停下来回答“这些信息表达了什么意思”这个问题，约翰的论点陈述仅以几句话就达到了好几个目的。它们兼顾了他正在探究的问题、他对其在需求评估和经济评估两方面影响的理解，以及他对这些备选方案是否切实可行的判断。

“‘绝对’阶段的研究表明，我目前不需要排除自己的任何待选方案，它给了我下一步应该做什么的清晰思路。我在此前并未做过很多研究，我确信自己从来没有使用过这种结构化的系统方法。”他说道，“由于它把我的研究视角缩小至只考虑我的研究对象的基本信息，所以我必须创造性地思考。我以有组织的方式收集数据并依据信息源分类信息是极有价值的。它不仅让我看到了政府的态度，而且使我与自己的主观看法保持了一定的距离。我研究了政府声称要做的事情、将以何种方式做，以及政府的医疗卫生机构的位置。”

这个阶段的研究和拟定论点陈述工作达到了目标，约翰能简要地总结目前的工作并为自己将来的研究提供清晰的路线。他的关键概念是了解政府的信誉。政府会兑现承诺吗？人们信任政府提供的服务吗？如果他选择和政府合作，他想知道政府的医疗卫生机构是否都没有闲置，因为如果出现闲置，就意味着将来他开设的卫生所也会很自然地被贴上医疗卫生护理服务很糟糕的标签。

“在我完成‘绝对’阶段的研究后，我意识到自己已经有了五个关键概念。”约翰说道，“我必须了解是否每个方案都能获得政府和社区支持。我必须知道各自的成本，以及这些选择将对我们所在的卡利科特地区的医疗卫生事业产生怎样的影响。我还要弄清楚每个方案是否符合我们的核心竞争力。”

有时候，你或许会发现自己的叙述自相矛盾，或者讲的是完全不同的故事。此时，关键是要能暂停。

猎豹清单 7：你打算怎样表述自己的结论?

1. 为什么你的“绝对目标”在不同的场合如网站和新闻发布会上讲述自己的故事时，会表现得不尽相同?
2. 你的“绝对目标”以不同的方式向不同的受众表达自己时，有什么动机呢?
3. 你能从何处着手调查研究你发现的这些差异呢?

你将在 AREA 法其他阶段，尤其是在“相对”和“探索”阶段的研究中获得这些问题的答案。在你完成“绝对”阶段的研究后，你或许会受到诱惑，放弃自己的“武器”，然后查看其他的二手信息。千万别这样做！通过先彻底做“绝对”阶段的研究工作，你将能更好、更冷静地评估这些问题及答案。通过花时间深思熟虑地完成“绝对”阶段的研究，你将建立整个决策的基础。你将来的研究会帮助你确定这个基础是否牢固或有缺陷。但是在建立这个基础前，你绝不能主观地判断其质量。

第2章

补全感知位置：不同位置上的人如何看待“绝对目标”

不要在怀疑和恐惧中浪费生命，把你的时间花在手头的工作上。此时拿出时间做应该做的工作，为将来的工作做好充分的准备。

——拉尔夫·瓦尔多·爱默生

在《爱丽丝漫游奇境》这本经典童话书中，有一段内容体现了专心致志地决策的重要性。

“您可以告诉我，应该从此处向哪里走吗？”年轻的爱丽丝走近柴郡猫问道。

“那就要看你想去哪里了。”柴郡猫说道。

“我不在乎，哪里都可以。”爱丽丝回答道。

“那么，你走哪条路也就无关紧要了。”柴郡猫说道。

“只要我能到达某处就行。”爱丽丝解释道。

“哦，你一定能做到。”柴郡猫说，“只要你走得足够长久。”

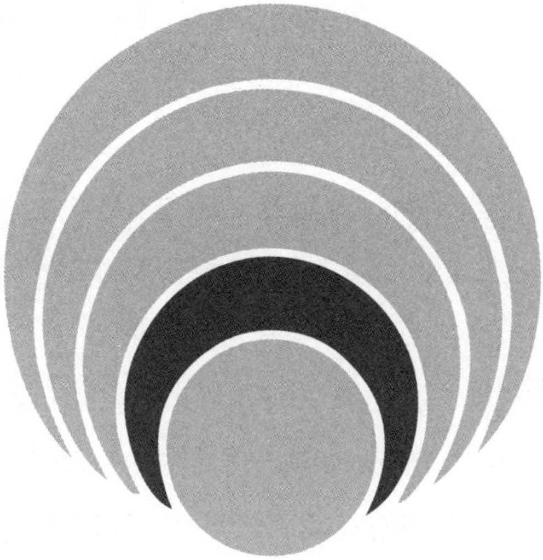

在做高风险决策时，潜在的信息源与可供选择的分析方法非常多。所以，重要的是要记住“你想去哪里”。不用说，要做好这项工作，时间管理是关键。

AREA 法的目标是确保有根据地稳步评估决策流程，最终做出最佳决策。该方法策略性地指向研究的正确方式和方向，能帮助你管理自己的研究流程。此外，该方法为你提供了“猎豹清单”—— 一种策略性暂停的工具。它将引导你“反复琢磨”并用一个角度评估散乱的信息片段，以及在研究的某个节点上拟定论点陈述作为总结。

由于绝大多数研究都不是线性的，要想识别和发现重要视角，你要把当前的研究暂停并重新思考，把自己导向追求关键概念上。也许先前被掩盖的数据此时又成为起决定作用的重要数据，或者之前制订的研究计划变得毫无意义。

在 AREA 法的“相对”阶段，你将用“绝对”阶段拟定的论点构建收集的信息，并将其放到更广阔的背景中。换言之，在“相对”阶段，你将采用不同的研究视角。在“相对”阶段收集的信息源通过某种形式与你的研究对象有某种联系（或相关），但它不是来自你的研究对象。

“绝对”阶段后，约翰进入了“相对”阶段的研究，但他仍然对政府提供的数据和其医疗卫生系统的可靠性心里没底。在“相对”阶段，他想换一种角度审视尼泊尔政府，并研究经营地点位于发展中国家的非营利性医疗机构，这些机构所在国的政府存在很多问题。他尤其感兴趣的是曾经在类似于地震后的尼泊尔那种紧急形势下工作过的机构。

他寻找的相关信息源包括其他医疗卫生组织、监督机构、在尼泊尔工作的营利性组织和非营利性机构、这些机构的供货商以及被这些机构服务的人们。对约翰来说（对你也一样），这些外部信息源为他的研究提供了经过过滤的视角、观点和事实。这些视角、观点和事实可能会迷惑你对研究对象背后的故事及关键概念的认知。

“相对”阶段的目标是审视和补充“绝对”阶段的研究，要么扩大和证实你在“绝对”阶段收集的信息，要么把研究对象提供给你的信息跟外部其他信息源之间的差异暴露出来。请特别留意你遇到的不同观点之间存在的分歧或冲突，这些往往能指导你确定关键概念，并帮助你获得某种优势。

“相对”阶段的研究将沿着不同的路径展开，以解决不同的高风险问题。你可以在自己舒适的家里利用互联网开始你“相对”阶段的研究。但是，或许你需要一位图书馆管理员的帮助。图书馆管理员的工作方式今非昔比了，他不会再领着你走到布满灰尘、充满霉味的书架前搜寻关于美国第二次独立战争的古籍。相反，他将帮助你通过专业搜索浏览一些鲜为人知的、非常珍贵的数据。他甚至会把图书馆的 LexisNexis 数据库（一个法律案例数据库）或 Medline 数据库（一个医学期刊文章数据库）的访问密码交给你，或者与你一起创建《美国报纸索引》最有效的关键词搜索。

AREA 法所有“相对”阶段研究都有核实“绝对”阶段研究的流程，同时也有强化和提炼关键概念的要求。当你进入同心圆数据库中的下一个同心圆数据库时，其涉及的研究任务包括：

1. 针对你的“绝对目标”所处的环境以及相关的竞争分析，在分析图上做标记。

2. 文献综述，以锁定与正在研究的对象或问题有关的新闻和论文的位置，以便你可以看到他人对“绝对目标”做的解释。

在探索研究这些方面的内容时，你会发现自己手中掌握着涉及你的研究对象的人，包括新闻中引述的人（专家、学者、竞争者和顾客等），也包括写新闻报道的记者。在你的 AREA 法记录中，编辑一张包含这些潜在信息源的清单，目的是为 AREA 法随后的探索研究做准备。在这个研究阶段，你将学习如何深度采访。

猎豹清单 8：你能绘制出研究对象所在行业的信息地图吗？

1. 记录每个潜在信息源的名称和联系途径。
2. 记录你找到该信息源名称的地方，以及你是在什么情况下找到的。
3. 这个人可能在你确定关键概念时帮助你，所以你要把自己当时的想法记录下来。

一旦你完成了“探索”阶段的基础工作，就可以把全部精力转向“相对”阶段的研究。我们首先从绘制商业和行业地图开始。

对奥达基金会的约翰、研究其父母居住情况的比尔、研究自己职业变动的广告业务经理克劳迪娅，以及在匹兹堡大学和约翰·霍普金斯大学之间做选择的迈卡来说，他们各自的行业地图是怎样的呢？我们首先来探讨绘制行业地图练习的价值。

一张分析商业和行业的地图将把你的研究对象放在大背景下，并帮助你确定评估其环境的重大问题。在很多情况下，通过绘制行业地图练习，你不仅能考察自己待选项的子集选项，还能考察更大范围的子集选项，这样你就能了解自己的研究对象是如何跟最好和最差的“绝对目标”对应的。在某些情况下（比如迈卡和克劳迪娅遇到的情况），只用地图标记你的待选项的子集选项，也是正确的处理方式。

尽管比尔的搜索范围很快就缩小到了两家养老院，但是他还是想要一张可以从全国范围内该行业中收集信息的地图。除了去养老院，比尔的父母还有一种可行的选择——搬到另一栋房子。这栋房子第一层必须是卧室。因此，比尔想要确定的是在全国范围内，威斯切斯特草地养老院是否有一定的优势。他想把自己很狭隘的选择与更广阔的背景比较。他查看了《美国新闻与世界报道》上养老院的排名，同时阅读了可提供连续护理服务的顶级养老院的信息，以评估待选养老院的特色和护理服务是否与顶级养老院具备的优势匹配。

然而，对迈卡来说，一份包含所有医学预科专业或最好的医学预科专业的行业地图并不是很有用，因为他必须在短期内做非常复杂的决策，而且这个选择是二选一的。因此，迈卡制作了一张接受匹兹堡大学和约翰·霍普金斯大学学生入学的医学院的行业地图。

克劳迪娅则需要绘制两张行业地图—— 一张针对护理专业，另一张针对计算机程序设计专业。就像迈卡一样，她把待选的专业绘制在一起，这使她获益良多。如果逐一考察这两个专业的整体情况，并不能带来任何成效。她想要的是本地的信息或网上的信息，而她有足够多的选择比较这两个专业。

她的护理专业的行业地图列出了可供选择的不同护理培训学校。这些培训学校中没有一所邻近她的居住地，但是在纽约市内和周边却有很多。另外，在长岛还有一所非常棒的培训学校，不过距离更远。她考虑过在线培训，却发现网上大多数的护理学学士学位速成培训都是针对已经拥有注册护士执照的护士考取学士学位设置的。然而，她发现了一所非常吸引人的、可提供在线培训的学校：坐落于宾夕法尼亚州的格威内德莫西大学。该校有针对非护士的远程培训，还提供了她需要的必修课。

她的护理行业地图包括了她自认为需要填写的预审材料、学费、学习时长、课程的通过率以及就业前景等相关信息和数据。她绘制了医学院附属医院、县级医院和更低一级医院的行业地图，并注明了各医院的护士是否参加了工会等组织。她还考虑了现行的《平价医疗法案》是如何影响护士的工作时间和工资的。这为她提供了有关待选护理培训学校培训质量的更多信息。

克劳迪娅还为计算机程序设计专业绘制了类似的行业地图。当她发现网上有更多的计算机程序设计培训学校时，她释然了。然而，她发现它们在培训时长、程序设计语言培训的侧重点以及将来的就业前景等方面存在很大的差异。这是更令人困惑的情景。这似乎假定了参加培训的人要提前掌握该领域一定水平的知识，而克劳迪娅并没有掌握这些知识。

绘制行业地图的练习帮助她了解了选择计算机程序设计培训学校比选择护理专业培训学校更专业。选择护理专业培训学校，每个人都要参加相同的许可考试。如果选择计算机程序设计专业培训学校，克劳迪娅必须弄清楚在参加培训前自己要学些什么，而护理学校则不必。

你的目标是核查到目前为止自己学到了什么。你的研究对象的优势和劣势是什么？它在该领域的地位如何？别人是如何描绘它的？关于研究对象的实际情况，往往会自相矛盾。这个阶段的研究将帮助你澄清这些问题。例如，迈卡担心匹兹堡大学的教育不能等同于约翰·霍普金斯大学的教育。通过绘制医学院行业地图，了解医学院录取学生的情况，他就可以比较同等条件下的不同。

约翰知道，尼泊尔缺乏技术先进的现代化医疗体系。那么，该国医疗体系的劣势对奥达基金会的成功有什么影响呢？

行业地图可以更好地帮助你了解研究对象的核心竞争力，以及其实现自己目标的方式。克劳迪娅在绘制行业地图时，发现各个护理培训学校的课程分量非常透明和相似，因为所有的学生都必须参加许可考试。相比之下，计算机程序设计培训学校则没那么透明。要想比较二者非常困难。计算机程序设计培训学校的行业地图更令人困惑，因为在最终达到的能力水平和达到这个水平的路径上，均有非常多的选项。

行业地图应当提供的评估内容包括：研究对象提供的内容（产品和服务）、提供这些内容的时间（时机和商业周期等）、提供这些内容的地点（市场和细分市场）以及内容的价格（其竞争计划）。例如，比尔绘制的地图将帮助他了解每家养老机构提供的服务内容，它们是否对入住人员设定了年龄和身体能力方面的限制条件，它们的服务针对的是老年人市场的哪些部分以及这些服务的成本。

你希望把研究对象放在大背景中考察，这是因为它不仅受自身行为的影响，还受周围环境的影响。试想，把一位优秀的运动员放在一个表现糟糕的团队中：通过把研究对象放在行业地图中，你就可以看到整个团队的情况。约翰关注的是即使奥达基金会可以提供质量较高的医疗卫生服务，但是与声誉不好的政府医疗卫生系统合作，其影响力也将削弱，声誉也会受损。

约翰绘制的行业地图不但包括在尼泊尔运营的其他国际性医疗卫生援助机构，也包括在医疗体系不完善的发展中国家运营的、能提供类似服务的少数移动诊所。他想了解位于尼泊尔的这些机构是如何与政府交流的，以及它们从中获得了怎样的经验。随后，他重复了这种研究，以了解其他相关机构是如何应对和处理类似问题的。他还研究了美国国际开发署、红十字会以及世界卫生组织等机构。他注意到这些组织侧重于提供预防性医疗卫生服务，而尼泊尔的医疗卫生基础设施主要由配备医疗设备的医院组成。

除了查看这些组织公布的关于尼泊尔医疗设施和医疗卫生服务的数据是否与尼泊尔政府提供的相关数据相符，约翰还对这些组织把什么疾病认定为流行病非常感兴趣。约翰在自己“绝对”阶段的研究中了解到，他所在地区的尼泊尔人最常患的疾病包括消化系统疾病、原因不明的发烧、骨折和精神创伤等。世界卫生组织发布的信息证实了他在“绝对”阶段收集的尼泊尔政府的数据。这些都是奥达基金会准备好了可以应对的问题。

约翰在“相对”阶段的研究中还发现，尼泊尔偏远地区缺乏正式的医护人员。约翰表示，有报道称“医疗卫生团队继续转移到下一个服务地，而本地的患者却被留了下来。问题并不是前来看病的患者太多，而是严重缺乏正式的医护人员”。这个发现意义重大：如果政府的医疗卫生系统不可靠，那么，把奥达基金会的医疗卫生服务系统与政府的医疗卫生系统联系到一起，会损害奥达基金会的声誉吗？尤其是当患者无法区分他的医疗卫生人员与政府的医疗卫生人员时。

绘制行业地图的所有练习都是为了把“绝对目标”放在相应的背景中，并为解答你在文献综述中提出的问题做准备。在完成商业和行业地图后，你要立即进入“猎豹清单”暂停环节，为自己绘制的地图写论点陈述，然后记在 AREA 法记录中，并且与“绝对”阶段了解的“绝对目标”对比。

约翰的行业地图显示，政府运营的医疗卫生机构有 30 家，其规模、服务范围及社会声誉不尽相同。约翰知道，奥达基金会并没有扩张至可以与政府运营的 30 家医疗卫生机构合作的程度，但是根据行业地图，他坚信奥达基金会一定可以和政府的某些医疗卫生机构展开合作。他为自己与政府合作的这个计划草拟了一份论点陈述，具体如下：

> 从全球范围看，通过确立稳定的初级卫生保健战略，移动诊所向偏远地区的人们提供服务已经被证明行之有效。制约移动诊所的主要因素是服务的临时性。换言之，“当医疗卫生团队转移到下一个服务地，而本地的患者却留下来时，该怎么办。”为解决这个问题，除了要分析区域范围内的需求，活动计划不仅应当探索尼泊尔的问题到底有多严重，还应当转向提升健康水平和开展疾病预防活动等。

这个论点陈述为约翰与政府运营的医疗卫生机构合作的关键概念提供了重要信息。首先，它讨论了移动诊所是否被人们认为是行之有效的（答案是肯定的）；其次，它讨论了移动诊所在尼泊尔是否行之有效（并非总是行之有效）；最后，约翰通过它获得了第三个关键概念，即了解人们对政府提供的医疗卫生服务质量的口碑（并非总是好）。

在“绝对”阶段的研究中，约翰拟定了与政府合作这个待选方案的论点陈述。尽管他在该论点陈述中做了如下假设：尼泊尔的医疗卫生系统将允许奥达基金会利用强大的政府关系和现有的医疗基础设施向新社区提供医疗卫生服务，把我们的基础医疗护理服务推向更广阔的地域，但是他在AREA法“相对”阶段绘制的行业地图将上述概念复杂化了。他在“相对”阶段绘制的行业地图削弱了在“绝对”阶段的研究发现，并向他提供了可供调查研究的路标，让他以不同的、更长远的方式与政府医疗卫生系统建立联系，从而使奥达基金会保持独立，不受政府以往糟糕声誉记录的影响。通过这个论点陈述，他明确了自己还需要在哪些地方做更多的研究工作。

☑ 完成文献综述工作

当你完成行业地图后，下一步就要做文献综述工作。文献综述指的是针对已经发表的、与特定主题相关的材料做研究。它之所以有价值，是因为可以给你更宽广的视角看待你的“绝对目标”，让你不仅可以收集新信息，而且能把原有信息放到特定背景中。

猎豹清单 9：你打算怎样撰写文献综述？

1. 已经发表的文章和新闻报道中，更广阔的世界是如何看待你的研究对象的？
2. 文章的中心思想是什么？“绝对目标”发表该文章的目的是什么？
3. 作者倡议的是什么行动？为什么会有这样的倡议？这有意义吗？
4. 更广阔的世界中的具体信息源可信吗？
5. 这篇文章已经在何处发表了？
6. 这篇文章的作者是谁？
7. 这篇文章还出现在了什么出版物上？
8. 作者的写作动机是什么？你是怎么知道的？
9. 你发现存在偏见的证据了吗？文章中是否提出了不止一种观点？

文献综述不仅有助于你了解外部世界对你的研究对象的看法，还有助于你了解其他参与方重点关注什么。了解他人关注的内容，你就能把自己引到影响决策的重要辩论或问题上。例如，当克劳迪娅在“绝对”阶段研究计算机程序设计培训学校时，她注意到不同培训学校公布的就业数据不尽相同。一些学校的就业数据非常笼统，还有一些把大量的相关数据放在网站上。当时，她还做了记录，要在“相对”阶段探索这个问题。

当克劳迪娅做文献综述工作时，偶然看到了几篇博客文章和网文。文章对培训学校鼓吹的培训业绩提出了质疑。很多博客帖提醒人们要多加小心快速增多的培训学校，并指出评定这些学校的制度并不存在。文章还强调，培训学校提供的就业数据不仅含混不清，而且更新速度很快；某些学校的就业数据甚至还大肆鼓吹就业率。此外，有一篇博客文章指出，有些培训学校宣传学员就业状况的数据还包括非计算机程序设计专业的数据。有一家专门宣传计算机程序设计培训学校的网站还开展了一项调查研究，考查了从44家提供计算机程序设计专业培训的学校毕业的学员就业和薪资情况。结果显示，不仅入职的平均工资下降了，而且从2014年至2015年毕业的学员找到全职工作花费的时间猛增。

克劳迪娅查阅的相关资料越多，她发现情况变得越复杂。尽管克劳迪娅知道，与新闻报道相比，博客文章往往更倾向于表达主观观点，不一定都是根据事实，但她仍然意识到自己应该去深入研究，并且必须与行业内人士交流。她的文献综述用小红旗做了标记，提醒自己在“探索”阶段应该研究哪些问题。她根据相关的新闻报道制作了一张问题清单。同时，她还制作了一张信息源清单，其中包括记者、博客文章的作者以及行业内的专家。她把这些人的名字记录在了AREA法工作记录上。

猎豹清单 10：你挖掘出了哪些故事？

1. 文献综述中的论点陈述是什么？这个逐渐成形的故事是如何阐释你的研究对象是如何做的，以及其为什么这么做？
2. 在“相对”阶段的文献综述工作中，是否未能完整地叙述你的研究对象呢？换句话说，是否有更好的方法阐释你的研究对象？这种阐释方法是紧紧围绕你的研究对象展开的，还是借助其他素材或理由实现的？为什么？
3. 这些资料中有哪些有失公允或有诱导因素的内容呢？这在其讲述故事的过程中是如何体现的？这又是如何影响你对他们故事的理解的呢？
4. 这些信息是否为你的研究对象提供了相似的或不同的问题？有没有共识呢？为什么？基于你在“绝对”阶段的研究，你认为这些信息有价值吗？
5. 是否有证据可以证明这些信息所主张的论点？这些观点、事实或轶事是否可信？你是如何鉴别的？
6. 在完稿阶段，你的文献综述是否与你在“绝对”阶段得出的论点一致呢？为什么？一致程度如何？大众媒介对你的研究对象的看法与你的研究对象本身所呈现的内容是否有分歧？
7. 这些分歧是如何影响你理解关键概念和决策的？

文献综述不仅能帮助你总结来自信息源的重要信息，而且能促使你整合这些信息。它可能会使你重新审视原有信息材料，让你把新信息材料与原有解释相结合，或者跟踪你的研究对象所在领域的学术发展，包括主要的分歧。克劳迪娅做的文献综述工作帮助她自己实现了所有目的。你的目的是挖掘媒体和业内专家是如何理解你的研究对象背后发生的故事并评估它的。

绝大多数人都会以网络搜索作为文献综述工作的起点。但在这之后，请考虑利用其他资源更彻底地调查你的研究对象，比如为你的研究对象和竞争对手设置搜索提醒或过滤器。现在是时候拿出你的图书馆借阅卡了。

你还可以搜索查看政府网站上的报告和统计数据。像LexisNexis、Westlaw和Pacer之类有关法律的数据库也非常有用。使用它们，你就可以搜索美国联邦上诉法院、地方法院及破产法院的相关案例。此外，为了了解行业内的领导者、行业贸易组织、行业会议及出版物，人们往往会查看研究对象所在行业正在探讨什么主题，邀请了哪些人在行业会议上发言，以及他们在为哪家公司工作等。

请考虑：

· 学术期刊。

· 像Accurint.com这样的背景核查网站可以收集公共记录，帮助你发现欺诈行为，核实身份等。

· 类似高德纳咨询公司的网站或期刊《消费者报告》可以分享研

究成果。

· 在线投诉网站，比如 Ripoff Report 和商业改进局的网站。

· 可查询行业历史的资料源，比如维基百科和年度报告。

除了研究对象，身边与更宽泛的主题有关的文章和见解也值得查看。完成文献综述工作后，利用“猎豹清单”暂停，并在“相对”阶段的研究中构建一个或多个论点陈述。

比尔最初搜索“威斯切斯特草地养老院”这个关键词时，出现了《纽约时报》报道该养老院的一篇文章。他在“绝对”阶段的研究中克制自己没有急着阅读，但是在“相对”阶段，他开始阅读。尽管这篇文章发表于数年前，但它包含了比尔发现的第一条报价信息。这家养老院的入住费五花八门，入住者至少要以债券的形式提前支付 15 万美元的费用。该债券要么会在入住者生前返给他们，要么会在他们去世后留给继承人。此外，入住者还要支付 2.3 万美元（此费用不予退还）才能申请办理一项长期护理服务，然后每月再为护理服务支付 2,500 美元至 4,500 美元。采访中，一名入住者指出：“这里的费用并不便宜，但服务质量很好。”这就是比尔和他的父母想要的：高质量的服务。

比尔知道，自己想在“探索”阶段的研究中获得更多价格方面的最新信息。他想知道这些信息包含了哪些医疗护理服务内容。如果他的父母需要理疗，必须额外交费吗？他还想搞清楚，当有人从独立生活转变为需要护理人员护理时，每月费用将会怎样调整。从独立生活转变为需要护理人员护理容易实现吗？或申请转移是否需要长时间等待？

接着，比尔查看了 2015 年度《美国新闻与世界报道》上养老院的排名情况。尽管当时他的父母并不打算搬入该养老院的护理部，但是他们的目标是能在那里终老，即从独立生活过渡到需要护理人员护理，或者如果有需要甚至转移到能帮助恢复记忆力的护理区。比尔注意到，奥斯本养老院和威斯切斯特草地养老院都是排名靠前的顶尖养老院。比尔查看了排名表的编制情况，表上包括有关病人护理的很多数据。例如，数据中包括接种肺炎球菌疫苗的长期入住者的比例，以及这个比例与全美国平均比例的对比。与全美国范围内的养老院做比较后，比尔发现两个研究对象在美国范围内的排名都很靠前。

比尔对养老院上述排名的确定方式非常满意。然而，他还注意到，对独立生活在养老院身体健康的老年人来说，排名并不能说明他们真实体验的情况。

比尔发现的这些事实引出了关于这两家养老院如何运营的问题。这也是他意识到应该在“探索”阶段探讨的问题。他和父母需要实地访问和观察，同这些养老院的员工交流，如果有可能还要留在那里吃午饭并与入住的老人交谈。

在进入“探索”阶段的研究前，比尔尝试做了一次文献搜索。新发现打乱了他的计划。他缩小了搜索文献的范围，锁定了本地两家媒体的报道。他发现发表于一个月前的一篇文章称，威斯切斯特草地养老院可能正申请破产保护。尽管他并没有找到任何有关这家养老院是否已经递交申请的明确信息，但他还是非常不愿意让父母住到一家财务状况不稳定的养老院。

当比尔在文献综述工作中写下论点陈述时，他意识到，通过搜索查看主流新闻报道之外的信息，自己获得了一条非常关键的信息——如果不这样做，这条信息就可能被错过了。他还意识到，自己在“绝对”阶段的研究中找到的数据信息很可能是由这些新闻机构提供的，就像《美国新闻与世界报道》排名中使用的数据一样。

尽管比尔查看了《美国新闻与世界报道》排名的编制方法，但他并没有意识到遗漏了什么内容：排名信息中并没有能反映养老院财务状况的任何信息。比尔意识到，自己不仅应该在“探索”阶段详细、彻底地调查研究威斯切斯特草地养老院，而且应该回顾在“绝对”阶段增加的研究对象，并且为父母寻找可选择的住房和护理方案。是时候考虑采取两步行动了。可提供单层住房的养老院还有哪些？他决定再次访问位于拉伊·布鲁克的阿特里亚养老院。这家养老院仅提供独立生活服务。他最初已经排除了阿特里亚养老院，因为这家养老院无法提供连续护理服务，但是该养老院所属的母公司的其他分院可以在纽约周边的三州地区[1]提供连续护理服务。那么，如果住进阿特里亚养老院，转移到同一家公司下属的另一家养老院居住是否比较容易？

迈卡在“绝对”阶段的研究中发现，约翰·霍普金斯大学网站上公布了《美国新闻与世界报道》在全美国最优秀大学的排名中，约翰·霍普金斯大学排到第 12 名。现在，他登录《美国新闻与世界报道》的网站查询了匹兹堡大学的排名情况。结果显示，匹兹堡大学位列第 62 位。然

[1]　三州地区指的是纽约州、新泽西州和康涅狄格州的交界地带。——译者注

而，该排名清单总共只列了 199 所大学。迈卡知道，全美国有数千所各类大学。所以，如果约翰·霍普金斯大学和匹兹堡大学的排名都比较靠前，那么这两所大学的差距就不会很大。

他还查看了这两所大学的医学院在《美国新闻与世界报道》上的排名。尽管《美国新闻与世界报道》并不是高等院校排名信息唯一的来源，但是人们普遍认为它给出的排名比较权威。迈卡早就知道约翰·霍普金斯大学医学院的社会声誉很好，所以，当他查到约翰·霍普金斯医院是其所在地排名第一的医院时，他并不惊讶。然而，在他做文献综述工作时，他了解到匹兹堡大学医学院在其所在地排名第二。这两所大学的医学院在诸如儿科和妇科等领域的排名几乎相同。这个发现促使迈卡开始转变对匹兹堡大学的看法。他意识到，自己没有真正了解这所大学的医学院和附属医院。现在，当他研究了该发现对本科生的影响和他们在学校的经历后，他改变了研究的方式。

迈卡没有盲目地接受这些排名，他质疑与排名相关的数据。他搜索了编制该数据的方式，并且注意到《美国新闻与世界报道》杂志透露它每年都在改变编制排名的方法。此外，编制排名的依据有一部分是教授的工资、校友的捐赠情况以及各大学的财务资源，所以这些都有可能使排名数据出现偏差，而且这些排名数据与本科生的校园学习和生活体验关系不大。

在“绝对”阶段，迈卡关注的是从约翰·霍普金斯大学预科专业退学的学生比例。他想知道这与匹兹堡大学对比的情况，但他无法在匹兹堡大学的网站查到相关的数据。他还制作了一张教必修课的教授名单。

在这个阶段，他仔细研究了知名教授，并试图找到匹兹堡大学预科专业毕业率的信息。

迈卡做了一项调查，发现在 RateMyProfessor.com 网站上，约翰·霍普金斯大学的有些教授根本就没有被打分，而被打分的教授得分也很低。与此形成对比的是匹兹堡大学有几位教授的得分非常高，而且与之相关的评论也增添了重要细节。学生们给了其中一位教化学的教授这样的评论：“（他）绝对非常棒！我从来没有遇到过像他这样对学生的学习如此负责的老师。”“我并不擅长学化学，但他（这位教授）的授课很容易被理解。他还非常有魅力！”迈卡知道，自己应该通过匹兹堡大学的教授同该校的学生交流，以检验这些打分是否准确反映了学生的体验。

像迈卡一样，你可能无法在“绝对”和“相对”阶段的研究中找到期望的信息。这并不意味着你应该停止寻找信息的工作，而是必须在其他的研究节点（通常是在“探索”阶段）找到这些信息。

对克劳迪娅来说，通过研究在“相对”阶段收集的信息（即关于计算机程序设计培训学校爆炸式增长的新闻报道和急需更多护士的新闻报道），她开始思考是否更换自己的职业。她在这一轮研究中发现，从各方面看计算机程序设计行业和护理行业都处于上升期。她在“绝对”阶段的研究视角似乎恰好与“相对”阶段的研究视角一致。然而，她在“相对”阶段的研究中针对计算机程序设计培训学校提出了一些特别的问题——虽然这是处于上升期的行业，但增长并不均衡，该行业的某些领域甚至还在萎缩。相比之下，护理行业的前景似乎再次表现得更明晰。

克劳迪娅还了解到，在护理行业除了获得护师、注册助产士以及麻醉护士等学士学位，还可以继续发展。正处于上升期的护理行业就像是“可靠的赌局”。

在“相对”阶段，你的目标是从“绝对目标”中退出来并扩大自己的视野。你要做的是把自己的研究对象放到其所在行业或领域更广阔的背景中。相关的研究地图为你的文献综述提供了问题。而这些问题反过来为你的“探索”阶段的研究工作提供了信息源。你仅仅研究有限的信息是不容易理解的，而这些信息源将为你的研究提供证据、背景和基调。要想架构你的研究工作，你必须再次检查关键概念。关键概念有没有发生变化或被修改过？有没有值得增加的关键概念？这些新信息将怎样进一步强化你的研究，它会受到信息源的影响而“变味”吗？

约翰的文献综述包括研究在发展中国家开展业务的其他更成熟的非营利性医疗卫生组织。Partners in Health 就是其中一家，该组织在海地提供过基础医疗服务。另外，还有在萨尔瓦多专门为妇女提供过基础医疗卫生服务的组织“基础卫生保健”（Basic Health）。他听说了“基础卫生保健”组织如何与萨尔瓦多政府合作开展工作的情况。该组织接受了萨尔瓦多政府提供的后勤支持，其中包括把患者从数千米之外的地方用公共汽车接到该组织所在地接受检查和治疗。了解了这些信息后，约翰考虑了请求尼泊尔政府支持的不同方式。

约翰偶然看到了红十字会探讨移动医疗团队的报告。报告中还有一幅可视化地图，列出了红十字会对基础医疗服务的定义，该地图在报告的第 101 页。约翰对红十字会在“基础卫生保健”组织的资助下开展的活动非常惊讶。活动包括提供清洁用水、食品安全服务、卫生服务、健康教育以及疾病预防等。“在查看了红十字会关于移动医疗团队的相关资料后，我知道与政府开展合作看起来不仅仅是直接提供医疗卫生服务，还有其他很多种不同形式，其中可以包括治疗性和预防性医疗卫生服务。对奥达基金会来说，虽然这尚属首次，但对提供全面的医疗卫生解决方案至关重要。”约翰说道。

在看到这篇论文和地图前，约翰一直认为治疗和预防保健是相互分离的，但是现在他意识到两者是连续统一体，它们之间存在着更多的联系。

约翰还阅读了关于偏远地区医疗卫生机构面临的挑战和前景的学术论文。他还找到了一本供项目策划人员参考的《移动医疗宣传手册》。这本手册由美国国际开发署编著，概述了移动医疗卫生所的一系列成功项目。这些文件描述了移动医疗卫生所面临的困难以及取得成功的原因。这给奥达基金会提供了可以参考的模板。

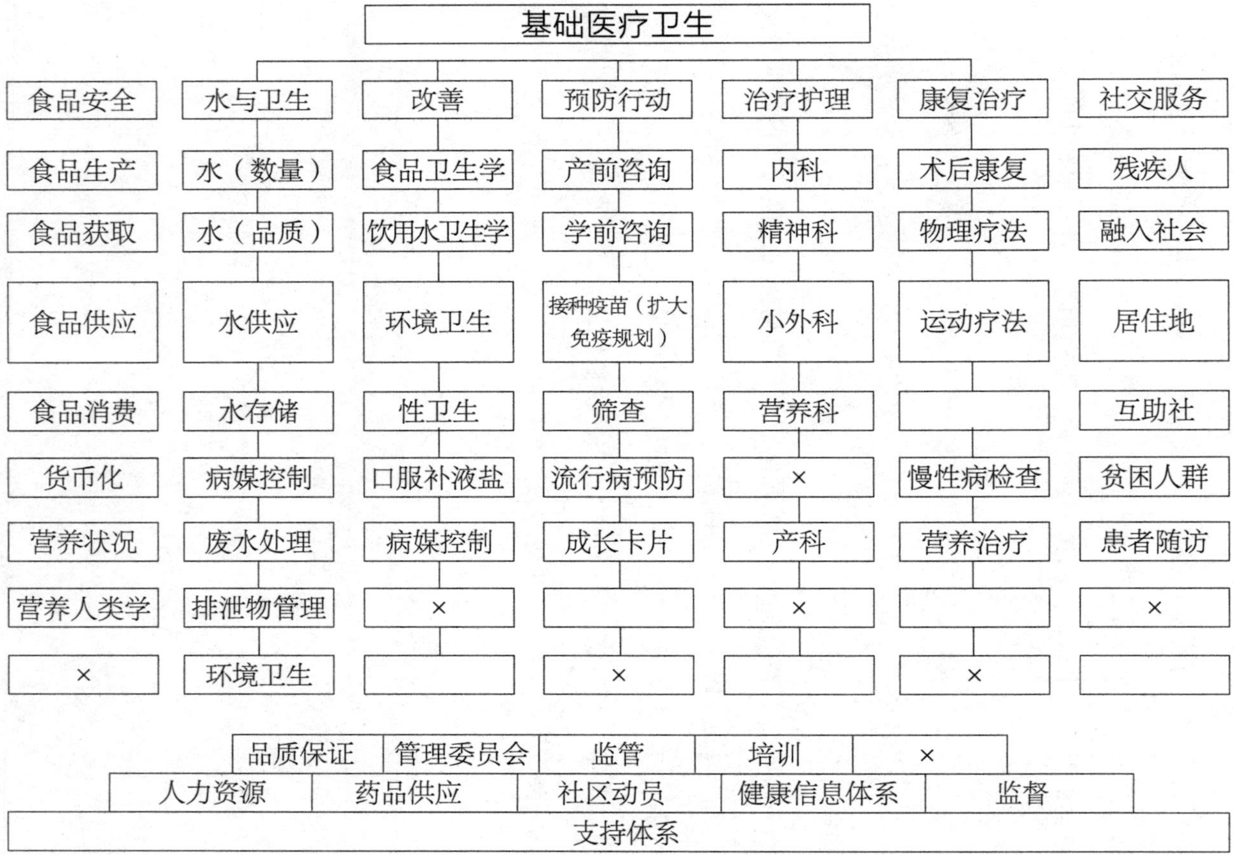
基础医疗卫生
食品安全
食品生产
食品获取
食品供应
食品消费
货币化
营养状况
营养人类学
×
水与卫生
水（数量）
水（品质）
水供应
水存储
病媒控制
废水处理
排泄物管理
环境卫生
改善
食品卫生学
饮用水卫生学
环境卫生
性卫生
口服补液盐
病媒控制
×
预防行动
产前咨询
学前咨询
接种疫苗（扩大免疫规划）
筛查
流行病预防
成长卡片
×
治疗护理
内科
精神科
小外科
营养科
×
产科
×
康复治疗
术后康复
物理疗法
运动疗法
慢性病检查
营养治疗
×
社交服务
残疾人
融入社会
居住地
互助社
贫困人群
患者随访
×
品质保证
管理委员会
监管
培训
×
人力资源
药品供应
社区动员
健康信息体系
监督
支持体系

此外，约翰搜索了新兴国家中哪种类型的组织在资助基础医疗事业，查看了申请捐赠的具体要求，还研究了捐赠者以了解他们的工作。

约翰还找到了一家直接与政府合作开展基础医疗服务的团队。所以，在他的“探索”阶段的研究中，他可以联系这个团队咨询一些问题，并向他们学习相关经验。

对投资购买无人机的方案，为了弄清楚无人机是否曾经被用于运送医疗用品以及相关的费用，约翰做了一项实地调查。他了解到，必须有可靠的互联网接入，才能导航无人机。在尼泊尔，这个要求可能无法持续获得满足。

在 AREA 法“相对”阶段的研究结束时，约翰已经学习了很多知识，他此前的待选方案均发生了变化。他为这三个待选方案重新拟定了论点陈述。这些新论点陈述与他在“绝对”阶段拟定的论点陈述存在很大的差异。

> 1. **开第二家卫生所。**把奥达基金会的基础医疗卫生护理能力扩张至在路边新开的卫生所，将增强我们的核心竞争力。当我们探求潜在的业务增长时，该举措将发挥重大作用。然而，仍然存在如下问题：我们是否具备招聘和留住合格的临床医生的能力，以及未来会有多少患者。相关的数据与此前针对财务问题的假设根本不存在任何冲突。但是由于缺乏更多的数据证明和存在潜在下行财务风险，所以还应该更进一步澄清与这些问题有关的数据：(1) 招聘正式工作

人员的可能性和患者人数;（2）了解政府是否会履行承诺给奥达基金会提供一栋大楼，以及改建设施需要多少资金。

2. **与政府的医疗机构合作。**“相对”阶段的研究揭示了政府的医疗卫生系统不可靠，如果奥达基金会与其联系过于密切，将会损害自身的社会声誉。为了同政府合作，我们必须扮演更特别、更独立的角色。这个阶段的研究还揭示了开展教育活动可以成功改善基础医疗状况，也许这会让奥达基金会在政府的医疗卫生系统中工作，还能保持独立性。根据此前积累的让女孩在生理期可以继续上学的成功经验，奥达基金会可以考虑专注于提供预防疾病的服务，而不是治疗疾病。然而，卫生所的多样性意味着我们必须探索一项教育活动是否可行，或者明确奥达基金会是否需要开展多种活动。鉴于我们掌握的资源有限，这种做法不具备可行性。

3. **使用无人机运送医疗用品。**通过把我们现有的设施、政府关系以及外部合作方都整合到一起，我们认为无人机能有效地向尼泊尔的乡村提供药品、诊断、标本和疫苗。我们相信这个关键概念有长远的潜力。然而，无人机行业迅速变化的市场环境及该行业与新技术之间的联系充满不确定性，重新证实了寻找合作方以降低财务风险和运营风险的重要性。尽管有长期的发展潜力，但目前尼泊尔缺乏稳定可靠的互联网，使这个待选方案站不住脚。此外，无人机技术能否行之有效地帮助我们完成使命——挽救生命，尚待证明。

约翰眼前有一条清晰的路径。他把每个论点陈述提出的问题列成了清单，还把自己从文献综述中找到的信息源全部列到了这张清单上。你能联系到的人的真实情况是什么呢？他是如何更好地提出问题，从而得到对做正确的决策最有用的答案的呢？

克劳迪娅下一步的研究计划包括跟护理及计算机程序设计培训学校的在读生和毕业生交流。她还想与从事这些行业的企业雇主沟通，了解具体的工作机会在哪里，以及员工在工作日的情况。她想证实注册护士学历是否足够管用，了解哪些计算机程序设计培训学校的教学质量较好，哪些不可靠。她还想好好地了解计算机程序设计语言的变化有多快，以及该行业的就业前景和工资情况。她不希望回到学校后发现自己学的程序设计语言即将过时。

迈卡想与匹兹堡大学和约翰·霍普金斯大学的在读生和毕业生交流。他想弄清楚这些大学指导学生通过预科课程的方式、这些学生对授课教授的印象，以及本科生从事研究的机会有多大。他也想了解这两所大学的医学院是否优先招收本科生。他还想了解匹兹堡大学医学院的录取率。

通过“相对”阶段的研究，现在你已经完成了信息收集工作图中的下一个同心圆环节。同时，你还对研究对象的故事的广度有了一定的了解。在“相对”阶段，你的研究工作不仅可以帮助自己提出一些在“探索”阶段的研究中需要回答的问题，而且可以帮助自己提炼关键概念。现在是实地检验你自己的研究成果的时候了。你现在就可以带着收集的数据及其他信息，与其他专家和信息源交流了。

第3章

拓展调研的深度：采访到高质量的对象，设计出好问题

根据一个人提的问题判断他，而不是根据他的答案。

——伏尔泰

AREA 法中的“E”阶段的研究包括两个“E”：探索和利用。它们堪称创造力的两个引擎，一个涉及信息的宽度，另一个关乎信息的深度；一个探究的是新问题、答案和认识，另一个挑战的是原有的、已经为研究者接受或公认的问题、答案和认识。

每个“E”阶段的研究均用创造性的方式提升你的研究，即通过挖掘已经公布的资料和人们的视角，拓展你自己的研究，使你的研究超越研究者以往掌握的材料的范围。“探索”和“利用”阶段的研究是高质量研究的关键阶段，这是因为它们将引导你拓宽收集信息的渠道，并精心深化和提炼你收集的信息。

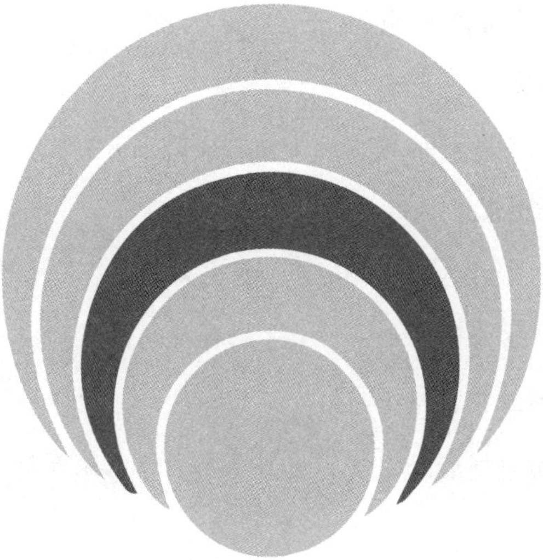

本章探讨“探索”阶段的研究，第 4 章将讨论“利用”阶段的研究。在本章，我提出了通过拓展信息源和采访获取新知识的策略、方法。第 4 章为你提供了一些创造性的工具，它们可以帮助你了解自身与生俱来的偏见和走捷径的做法，让你了解自己收集的全部信息。

为什么需要更多信息呢？你已经从研究对象那里收集了信息，也从研究对象周围环境（研究对象面临的情势、所在行业、竞争者和媒体报道）中收集了相关信息。你之所以需要更多信息，是因为人的视角是你在网站或文献中很难获得的。这些人要么为你的研究对象工作，或者与你的研究对象合作，要么反对你的研究对象，或者撰写过关于你研究对象的报道。

本章内容主要关注有关调查性新闻的技术。这些都是我精心锤炼多年的技术，它们可以帮助你通过提出正确的问题，从正确的人那里获取正确的信息。本章将教会你：

· 如何识别更好的可能性（或正确的人）拓展很多研究者没有或找不到的信息源；

· 如何通过准备很棒的问题从信息源那里获取有价值的信息；

· 如何准备和撰写电话或电子邮件推销语；

· 如何撰写采访指南；

· 如何有针对性地采访，以轻松地与信息源互动，倾听和评估他们的回答并做笔记；

· 如何评估收集的关于决策的信息的质量，以评估和充实你自己的关键概念。

正如 250 年前伏尔泰说的，知识来源于伟大的问题。并不是因为艾萨克·牛顿掌握了正确答案才发现了地球引力。他之所以能有这个发现，是因为他提出了正确的问题。

本章的目标是让你具备为正确的人拟定（和评估）正确问题的能力，这样你就可以为关键概念得出言简意赅、有说服力的答案。

任何人都可以提出问题，但要想提出经深思熟虑的战略性问题，就需要做规划了。在本章，你会发现你的计划和目标是获得研究对象所在网站上没有的信息，而且《纽约时报》没有报道过这些信息。这种信息只能通过与他人积极沟通、交流才能获得。通过发电子邮件或打电话把陌生人变成朋友的确困难，但这是获得信息的好方法。

☑ 拓展信息源和制定采访指南

在探讨采访方法前，我想分享一个故事。这个故事不仅完美地阐释了“探索”研究的流程，而且说明了为什么这个步骤是深入研究的关键。

最近我撰写了一篇题为《能靠五星级大酒店战胜贫困吗？》的调查性新闻报道，发表在《外交政策》杂志和 ProPublica 网站上。这篇新闻报道的是世界银行一个叫“国际金融集团”（International Finance Corporation，简称 IFC）的私人投资机构。国际金融集团就像世界银行一样，其任务是通过刺激经济发展从某种程度上消除贫困。作为调查研究的一部分，我调查了 IFC 建构自身体系以衡量其投资效用的方式。

我按照 AREA 法开展工作。首先，我在“绝对”阶段的研究中查阅了国际金融集团用它自己的表述方式表达其运营系统的资料。我这样做的目的是防止自己由于接受外部信息而产生偏见。我站在 IFC 的视角草拟了一份论点陈述，用国际金融集团的表述方式表达。

作为这个研究过程的一部分，我研读了 IFC《年度投资评估报告》的附注说明。我发现，IFC 的衡量体系（以“发展成果跟踪系统”著称）并没有衡量 IFC 的年度投资表现，而是跟踪并衡量了接受 IFC 投资的一些公司的整体业绩，比如可口可乐公司或纽蒙特矿业公司。

这个比较有启发性的证据表明，IFC 通过汇报这些公司整体业绩的数据来误导公众对其投资业绩的看法。我开始开展 AREA 法“相对”阶段研究时清楚地知道，在我的行业地图和文献综述中，我要找到可以采访的信息源，以证实下列问题：我是否正确理解了IFC《年度投资评估报告》的附注说明？这是否就是IFC当前的做法？IFC为什么要采用这种方式衡量自身的投资表现？

在“相对”阶段，我把收集的全部潜在信息源列在清单上（例如从IFC的投资中获益的人、从IFC获得资金的公司的员工，以及在IFC的“发展成果跟踪系统”工作的人员）。我思索了打电话的措辞，并概述了如何自我介绍以及谈话的主题。我还思考了自己的问题清单和提问的顺序——我的采访指南，这样我就尊重了采访对象的时间。

首先，我开始给对我成功撰写新闻报道不起关键作用的信息源打电话。虽然这些信息源不重要，但他们充实了IFC的投资衡量体系，教会我如何倾听有关IFC评估方法的答案，以更好地领会如何与IFC沟通。最后，当我做好准备为调查研究的这个阶段采访高质量对象时，我接触了IFC事业发展部经理兼首席评估专家。在采访期间，他解释说，在某个项目结束后，各公司一般只跟踪自己的业绩表现，而不是项目绩效，因为项目绩效很难跟踪。此外，他承认，某些业绩指标只存在于公司整体层面。他还向我描述了这样一种情形：一家公司增加了第5条生产线，但该公司并不在意这条生产线的生产情况，而是在意所有生产线的整体生产情况。

我的采访对象认为，他自己是在说明IFC评估投资的理由。实际上他是在告诉我：由于没有去跟踪结果，所以IFC的确不清楚自己的投资是否成功。

这个回答（以及其他回答）证实了两个关键问题：首先，IFC 并不清楚自己的投资有多成功，因为它汇报的是接受投资的这些公司整体的成功，而 IFC 在这些公司中只有很少的投资。其次，同样存在的问题是我的采访对象证实了 IFC 并没有尽职地做相应调查，它依赖的是这些公司的报告。

换言之，接受 IFC 投资的各公司原本就是自己设定衡量标准，自己负责出资完成它们的报告并告知 IFC 最终结果。之后，IFC 把所有接受投资的这些公司的整体投资回报数据用在了自己的跟踪系统中。

在不清楚自身投资情况时，世界银行及支持它的国家是如何知道投入的资金被很好地利用并且实现了世界银行消除贫困的使命呢？进一步研究发现，IFC 过去不断向其他组织提供资金，比如高端购物商场、快餐店以及五星级酒店等（正如我的新闻报道上说的），而这似乎与消除贫困没有关系。有了这个新发现，问题就显得更重要了。

通过采用 AREA 法，尤其是“探索”阶段的研究方法，我发现了金融界此前从未被揭露的新闻故事。

要想从 AREA 法“探索”阶段的研究中获益，你不必揭露金融诈骗背后的新闻事件。例如，迈卡在采用 AREA 法开展研究之初，强烈偏向于选择约翰 · 霍普金斯大学，其依据是该校的社会声誉和取得的成绩。但是“绝对”和“相对”阶段的研究引出了关于约翰 · 霍普金斯大学究竟是否适合他这个重大问题。他还发现，匹兹堡大学也有很大的优势。迈卡利用“探索”阶段的研究与一些人沟通，了解了匹兹堡大学的预科专业、教授以及读本科期间从事研究的机会等情况。同时，在这个阶段，他研究了自己从约翰·霍普金斯大学了解到的信息的含义。迈卡通过“探索”阶段的研究，发现了自己先前没有注意到的视角。

现在是时候开始你的“探索”阶段的研究了。第一步是要掌握公式。

☑ 好的采访对象 + 绝佳的问题 = 采访质量

最有效的采访可以用这样一个公式表达：好的采访对象加上绝佳的问题等于采访质量。你要确定自己感兴趣的采访对象（能回答你预设问题的人），然后提出自己能提出的最佳问题，这样才能完成高质量的采访。

如何选择好的采访对象

你该如何选择好的采访对象呢？答案取决于研究对象所处的环境和关键概念。你应该了解什么问题呢？还有谁知道这些问题的答案呢？谁了解你的意图和盲点？你作为信息的评判者和决策者，谁可能是可以帮助你的专家呢？

约翰的“探索”阶段的研究始于一张名单，上面都是他在“绝对”和“相对”阶段的研究中精心挑选的人物。这些极佳的采访对象是撰写了与约翰正在探讨的问题相关的文章的记者，以及被这些文章引用过的人。他确定了尼泊尔和其他国家非营利性组织的工作人员和医疗专家，全世界开展类似工作的慈善机构的顶级经理人，以及投身这项事业的医生。他还留意了一些学术论文的作者和在全球重大医疗卫生会议上做过发言的人。最后，他研究了拟建的第二家卫生所所在地的领导者和政府的医疗卫生机构所在地区的官员。

约翰搜索了联系这些信息源的方式，包括领英网，以了解自己是通过什么途径知道这些信息或者与信息源联系的。随后，他按照信息或观点的有用程度把信息源排序，并思考了能从这些信息源获取到什么信息。

猎豹清单 11 ：你能找到多少高质量的采访对象？

1. 行业期刊、贸易协会以及各种会议。即使你不参加这些会议，会议的组织者通常也会把发言人和参会者的名字列在网页上。
2. 各类大学。通常，除了教授，你很容易联系到博士生，而且这些博士生对重大事件、相关研究和联系人非常熟悉。
3. 领英网。你可以通过公司或其他组织搜索潜在的联系人。
4. 记者。联系他们，问他们中有谁喜欢谈论该行业。

5. 工会。
6. 推特网。搜索 @【公司】或 @【行业】，看看有谁在谈论该行业。
7. Hoover's[1] 和 Dun & Bradstreet[2] 提供的企业概况介绍中列出了相关各公司及其竞争对手的领导者、董事的相关信息。
8. 法律诉讼及当中提及的人物。你可以在法院的文件中找到相关信息。

根据自己现有的人际关系网和在“绝对”与“相对”阶段的研究中了解的情况，约翰可以很好地与信息源联系。你也可以从此处入手。在你的研究中，已经出现了哪些人的名字呢？

随着你的研究工作的展开，你想要找到哪些人呢？业内人士对试图向他人推荐大学或养老院的推销人员了如指掌，因此他们不会找推销人员。克劳迪娅发现，护理工作研讨会或计算机程序设计研讨会是个好去处，在那里可以大致了解这两个行业的发展动态。她甚至无须支付门票

[1] Hoover's 是美国一家专门研究企业的公司，提供自 1990 年以来美国各个企业的相关信息。该公司的数据库 Hoovers database 是美国最大的企业数据库之一，提供了公司（尤其是中小企业）翔实的财务信息及行业分析。——译者注

[2] Dun & Bradstreet，也称“邓白氏集团”，是国际上最著名、历史最悠久的企业资信调查类信用管理公司。从企业规模上讲，该公司堪称国际企业征信和信用管理行业的巨头。——译者注

钱，就可以以参会人的身份进入会议大厅。你也不必缴纳入场费，因为很多这类会议属于公共服务性质的，不会向参会人收取费用。她立即注意到了一些问题：在护理工作研讨会上，她看到了不同年龄和职业背景的参会者；在计算机程序设计研讨会上，参会的人偏年轻化，而且绝大多数都是男性。

如前所述，约翰跟与奥达基金会类似的慈善机构工作的员工做了交谈，接触了基础医疗卫生系统的专家学者，联系了尼泊尔政府医疗机构的工作人员。他还接触了当地社区的领导者和无人机技术专家。有时候很有趣的信息会在你意想不到的地方出现，包括第一眼看起来并不起眼的一些信息源。比如下面这些：

1. 其他领域的专家。

2. 顾客。

3. 你的母校中在该行业工作的校友。

4. 政府和监管机构。

5. 业务覆盖整个行业的猎头（其工作内容就是建立人际关系网）。

6. 在该行业或公司工作过的律师。

7. 行业内的财会人员。

8. 战略咨询师。

9. 职能部门的员工，比如财务部、加工部和信息技术部等。

当你想要别人帮你学一门外语或者想要别人帮你做研究时，你要记住有另外三个信息源可供使用：

1. **电话公司。**很多这类公司都提供翻译服务呼叫，如果你的采访对象讲的是外语（如约翰的很多研究对象），将对你非常有帮助。

2. **专栏记者。**他们可以帮助你寻找信息源或进行采访。请查看如 JournalismJobs.com 或 MediaBistro.com 这样的网站。

3. **图书馆管理员。**

此外，这样的采访对象也非常值得寻找：他们也许并非是你的研究对象或帮你解答问题的专家，但他们深深理解你的兴趣和价值观、偏见以及认识上的盲点。试着寻找一至两位非常了解你的人，当你试图消化和弄明白从其他渠道收集来的信息时，需要向他们咨询。例如，约翰从他的董事长和董事长的一位重要助手那里得到了一些建议。

评估你的信息源

当你拟定了潜在信息源的清单，就可以将这些信息源写在自己的 AREA 法记录中，并按照它们为你的关键概念提供重要信息可能性的大小排序。先思考哪些信息源可以帮助你更好理解关键概念，然后按照可能性由小到大或层次由低到高排序。

低层次的信息源可以为你提供背景信息，并帮助你充分了解研究的对象。随后，按顺序逐一研究信息源，直至找到你认为可能会提供关键信息的信息源。

先联系低层次的信息源，你就有机会练习打电话的技巧，并精心打磨自己的问题。你也会拥有介绍自己和采访任务的一份计划草稿。当你按照采访的环节逐步推进时，你逐渐会变得更有素养、更有见识。此外，当你接触到并分析高层次的信息源时，你不仅能很好地了解采访背景，还会拥有“事实计量器”——在你倾听采访对象给出的回答时，它将指导你倾听对方给出答案的方式，并且帮你找出潜在的误导信息。

例如，我在采访信息源前就知道 IFC 是如何汇报数据的，但是我并不想假设。当我接收到自认为有可能不完整的信息时，由于有这些数据，我就可以大胆后退一步。然而，现在还不是打电话的时候，你首先要拟定重要的问题。

提出好问题

在草拟问题前，请先停下来。

在收集信息前，如果你不能确定如何使用这些信息，就没有理由期望在发现这些信息之后知道如何使用。你的目标是合理利用自己和被采访者的时间。

猎豹清单 12：你清楚提问的路线图吗？

1. 我需要什么样的答案？这些答案应当针对你的关键概念。
   1.1 我想知道什么？为什么？
   1.2 这些信息有什么不同？
2. 我希望怎样使用自己收集的信息？如果我有了这些问题的答案，我会怎么做呢？

接下来，当确定了怎样针对关键概念提问后，就要思考究竟想得到采访对象怎样的回应。常见的主要问题有四种：

1. **行为问题**。某人在做什么和已经做了什么。这种提问会引导采访对象描述自己的实际体验、工作和行为。

2. **观点问题**。某人对某个话题、行为或事件有怎样的看法。这类问题可以告诉你他人的目标、意图、欲望和价值观。

3. **感受问题**。某人对某个话题有怎样的情绪反应。这类问题可以引出关于人们对自己的经历和思想在情绪上反应的信息。

4. **知识性问题**。找出被采访者的真实信息。这些都是人们所知道的关于你的研究对象和关键概念的事情。你或许会认为所有知识都是一套观念，而不是事实，但在这里你要找出被采访者认为的事实是什么。

在设计提问时，你要准确地确定想要从被采访者那里获得什么信息。你想了解被采访者的行为、观点、感受还是知识呢？知道了提问重点后，你就可以写一些问题，清楚地告诉被采访者你期待获得的答案，避免被采访者困惑。

正如 AREA 法其他环节一样，在写下采访问题后，你要思考自己可能会在哪些地方以哪种方式犯“想当然”的错误。通常，最好的采访问题往往是最基本、最重要的问题。“基本”并不是意味着“显而易见”，而是要有核心价值，要专注于你做决策需要的关键概念。

下面的经典例子展示的基本问题影响了研究投资机会的一位投资经纪人。这位经纪人是我的高级投资研究课上特邀的讲师。他讲述了自己研究一家医药公司的情况。这家医药公司正在开发治疗男性勃起功能障碍的一种凝胶。由于该产品前景不错，所以该公司的股票价格飙升。该公司做的临床试验表明，这种凝胶的治疗效果好于对照组中使用安慰剂凝胶的治疗效果。我们的这位特邀讲师采访了曾经观看过对比实验的人，并向他们提了一个关键的问题。这个问题乍一看并不明显，但最终被证实是理解这项研究结果的基础和核心问题：“参加试验的人中，谁试用了凝胶？”他了解到，该公司的凝胶产品是由一位女性试用的，而安慰剂凝胶则是一位男性试用的。在统计学上，这项研究成果的确有显著意义，但是试验结果与该公司生产的凝胶没有任何关系。

向被采访者提问，你提的很多问题不仅来自你的“绝对”和“相对”阶段的研究，而且要针对你的研究对象和决策。为了帮助你思考应该提哪些问题，我整理了自己多年来积累的问题，创建了一张很好的问题清单。这些一般性的问题，重点是让被采访者谈论组织应有的基本的重要品质。

克劳迪娅在蒙蒂菲奥里医疗中心采访了一位人力资源助理。她提了以下问题：

1. 哪些工作岗位向注册护士开放？
2. 注册护士需要履行哪些职责？
3. 最近，这些职责有没有变化？
4. 您预计在不久的将来，岗位职责会再次发生变化吗？
5. 对像我一样考虑进入护理行业的人来说，您可以给一些什么建议呢？

猎豹清单 13：你计划向被采访者提哪些好问题呢？

直接的问题：

1. 被采访者是如何实现其经营目标的？
2. 你认为被采访者的哪些故事最重要？
3. 你能描述被采访者的某个普通工作日吗？这能揭示被采访者在该组织内扮演的角色，也能揭示被采访者优先考虑和处理的事情。有时候，某人的所作所为比其言谈透露的信息更重要。
4. 你对被采访者有什么疑虑呢？

宽泛的问题：

1. 我应该了解哪些行业或部门呢？
2. 有没有办法将数据用于研究这个论题？

假设的问题：

1. 如果你必须重来一次，会用不同的方式吗？你会怎样做呢？为什么？
2. 如果不考虑资金问题，你仍然会做同样的决策或采取相同的行动吗？（这个问题超出了问题的经济学范畴。）
3. 上一个问题是否有多个可能的答案？

迈卡分别采访了匹兹堡大学和约翰·霍普金斯大学的一名学生。这两名学生正在做本科学习阶段的医学研究。他问道：

1. 您对获得本科学习阶段的研究岗位有哪些要求？获得这个岗位竞争有多激烈？

2. 在您寻找职位和从事研究期间，谁提供了帮助？他们能提供哪些支持？

3. 该工作要求投入多长时间？您将承担多大的责任，受到哪些监督？

4. 您会推荐他人从事本科学习阶段的研究吗？

在写下应该提的问题后，你要停下来仔细琢磨提问的措辞。措辞是关系到采访对象如何应答的重要因素之一。你问的问题是否会诱导被采访者呢？你提供这些问题的背景信息了吗？抑或只是一个接一个地抛出问题呢？不同的提问方式会影响被采访者。

例如，迈卡的确想知道自己联系的本科生是否喜欢其从事的研究工作。然而，当他查看问题清单时，他感到直接问“您喜欢自己从事的研究工作吗”显得过于直接，过于诱导回答问题的学生，且过于个人化。他并不想把被采访者置于尴尬的境地。而这样提问明显会让被采访者做出肯定的回答。即使他们不喜欢自己的研究工作，他们仍然会回答“喜欢”吗？也许会。所以，他重新编写了问题:“您会推荐他人从事本科学习阶段的研究吗？”这样提问语气就缓和多了，而且比较客观。尽管你可能会从回答中得到相同的信息——无论被采访者是否喜欢他自己的工作并将这份工作推荐给别人——但是一些提问会从心理上影响被采访者，并允许被采访者把一些回答排除。这种提问方式有可能会帮助迈卡获得更客观、更有用的信息。

假设问题以另一种方式向被采访者提供了关于所提问题的背景信息：这会提请被采访者想象自己正处于采访者感兴趣的话题情境中。你可以通过模仿提问了解被采访者的服务、产品或工作流程。以下是你可以参考的此类问题：

1. 假设我和您在卫生所或仓库一起工作，我能看到什么呢？
2. 请给我描述一下典型的一天的情况。我还能看到什么呢？

比尔和父母探访奥斯本养老院时，比尔最关心的是获取价格信息。他在“绝对”和“相对”阶段的研究中都没有获得这个信息。但是他的父母更感兴趣的是对这家养老院的体验感。他们希望与那里的入住者直接交流，所以他们准备了直接、宽泛、假设的问题。

比尔和父母约见了一位销售经理。经理带领他们参观了养老院。他们获得了一些价格信息，认为有些昂贵。在接受财务审核和通过医疗机构的批准后，他的父母还必须缴纳 80 万美元的订金——这远远超出了比尔在“绝对”阶段的数据研究中获得的订金信息中的数额。入住者每月还要缴纳 5,000 美元的房租，但一套两居室的公寓要 1.1 万美元。比尔要求公寓除了有保洁服务和每日供应一顿饭，还要有客房和水电设施。即便比尔的父母每月按最低的标准缴费，随着他们需求的增加，入住的成本也会很快上升。

要想入住该养老院，还必须先被列入等待人员名单。根据莱斯特（比尔父亲）和苏珊娜（比尔母亲）想入住的公寓的功能不同，等待入住的时间为6个月到10年不等。即便比尔的父母想入住，也不能立即如愿。

尽管这次参观后他们犹豫了，但他们还是按计划实现了与入住者的当面交流。他们还了解了该养老院每天工作和生活的安排情况。这给了比尔和他的父母机会，以亲耳聆听将来入住时可能会出现哪些机遇和问题。他们还了解了奥斯本养老院日常的安排与目前莱斯特和苏珊娜每天的生活节奏有哪些不同，入住者可以享受养老院提供的哪些服务，入住者对这些服务是否满意，目前入住的人有没有提出或大或小的问题。这些问题使他们成了目击者。比尔做了笔记并列了一张问题清单，以更好地了解该养老院每天的运转情况。在“分析”阶段的研究开始前的思考极有价值。“分析”阶段是他的下一个研究步骤，届时比尔将思考是否有解决问题的办法。

当你希望澄清某些事情时，一定要保持开放的心态和诚实的态度。你要传达这样的观点：你应该更深入地了解自己的不足，而不是被采访者的不足。你不希望被采访者觉得自己不够格。

在采访期间，给予被采访者鼓励或反馈也非常重要。支持、感谢和赞扬的话会鼓舞被采访者并让被采访者感到被欣赏。为了争取到被采访者的反馈意见并澄清事情，请考虑提出下列声明或问题：

1. 我不太明白您刚才说的话。您可以重复一遍吗？
2. 您能否给我举一个例子或讲一则逸闻趣事，以使我更好地理解和消化（或使其形象化）您阐述的理念呢？

3. 关于……有这样清晰、明确的陈述真是有用极了！

4. 我认为您提出了很多重要观点。

5. 我真的非常感激您愿意表达自己的感受。这真的让我受益匪浅。

关键是要与被采访者互动，激励被采访者，使他回应你的提问。为了达到这个效果，你必须与采访的流程及被采访者回应问题的方式保持一致。

掌控采访全程非常重要。时间宝贵，有时候你获得的答案冗长拖沓或与你的提问无关，或者被采访者不回应。为了掌控采访全程，你要清楚地知道自己想挖掘哪些信息，并且能看出被采访者的哪些回答没有提供正确的数据，这样你才能让被采访者重新回到轨道上。这可能需要直接的反馈。例如，如果你问被采访者："当您和销售团队会面时，会发生什么？"她回答："我试图激励该团队，以……"你想获得的信息是她希望做的事情，或者她认为应该会发生的事情。但她的回答并没有描述实际发生了什么，也没有说明她在会面中使用了什么技巧。

你可以重新架构提问，让她回到正轨："好吧，您是在激励销售团队。请带我参加销售会议吧。会议室是什么样子的呢？我能看到和听到什么？您在会上会说些什么？"

或者你可以说："您已经解释了您希望实现的目标。您可以描述您通常做的事情吗？如果我在那里，我将会看到什么情况发生呢？"

有时候你很难打断被采访者。我们都被教导要有礼貌，他人在讲话时不能插话。然而，能充分利用有限的时间也很重要。假如被采访者滔滔不绝，或采访时间将要结束，你可以试着重申采访的目的。如果你从一开始就知道自己有多少采访时间，就可以告诉被采访者采访时间很短，所以可能需要你打断对方，以掌控采访的进程。例如：

1. “请允许我暂时打断您一下。我想确定自己是否完全理解了您之前说的那件事情。”随后，你再提出一个更有针对性的新问题。

2. “请您暂停一下。我想回到您刚才说的内容上。首先我想知道……”

提问时要在答案旁边写下问题的编号，这样你无须记住具体问题，就可以清楚地知道问了哪些问题。

猎豹清单 14：你知道每个问题应该如何收尾吗？

1. 我还应该问哪些问题呢？
2. 当我继续研究时，我还应当与谁交谈呢？
3. 你所在的组织有可能是信息来源吗？
4. 将来跟进你的最佳方式是什么？

这些想法或建议的基本出发点是，你不希望自己的提问方式限制被采访者的回答。你只是想为被采访者提供一个框架，让他可以用自己的语言很好地表达，这样他就可以没有任何偏见地从他的全部回答中进行选择。上文提供了开放式（非封闭式）问题的例子。请你克制自己，不要“诱导作为见证人的被采访者”。假如你指挥被采访者，就无法弄清楚他说了什么。

撰写立场中立问题的方法是使用说明性铺垫，让被采访者知道你已经很好地掌握了所有背景信息——包括好的、不太好的以及很糟糕的背景信息——所以你对某些引起社会轰动的事情并不特别感兴趣，你真正感兴趣的是被采访者的经历。关于饭菜问题，比尔向养老院的入住者提问：“您认为这里的饭菜怎么样？您喜欢饭菜的品种吗？当您想吃饭时，您会想到什么？用餐对您的幸福感有影响吗？”

采用上述提问方式，比尔获得了各种各样的回答。这避免了提诱导性的问题，也会让被采访者从全部可能的回答中随意挑选。

理想的情况是你应该提一些有助于推动采访的关键问题。但是有时候这种做法不明智，特别是当你刚刚获得了被采访者提供的关键信息而“极度兴奋”时。这种情况下，我建议你使用略微不同的措辞重复该问题，或者在稍后的采访中回访这个问题，以确保你正确地理解了答案，不至于理解错误。

所以，尽管每次采访都应该建立在上一次采访的基础上，拓展先前收集到的信息，朝新的方向推进，寻求清晰、详尽的解答，但是并不意味着总是向不同的人提出不同的问题。相反，你可能希望有标准化的问题，这样你就能以同样的流程问被采访者同样的问题。

通过采用统一的提问程序，你就可以避免按被采访者给你讲的一件轶事或一组零散的见解推断。你不会获得一堆散乱的观点，也不会错误地从被采访者提供的一组不完整的信息中获得建议。

在“相对”阶段，迈卡从 RateMyProfessor.com 网站上发现了关于约翰·霍普金斯大学教授的一些负面帖子。在“探索”阶段，他用相同的流程依次问学生同样的问题，这样他就能发现规律，更好地体会其中的细微差别，并且从学生的回答中找出不同之处。

约翰还采用了标准化的问题清单提问，这是因为他想从被采访者那里获得多样化的回答。他希望通过与居住在政府医疗卫生机构附近的人交谈，列出一份可以把将来获得的答案组成数据集的问题清单。

也就是说，提问要根据被采访者的优势和角色的差异而有所不同。为了增加可用的观点，可能有必要略微改变问题或提问的方式。

除了考虑采访时提的问题，还要考虑采访的整体风格。好的采访方式有很多种，但每位采访者最终都必须找到得心应手的。下面概述了几种不同的采访方式，这些方式在不同的场合有不同的用处：

· **科学式**。在这种方式中，要做到不掺杂任何价值判断，专注于收集专业、可靠的数据。你要成为怀着追求真理使命的客观的科学家。在早期的低层次采访中，我通常使用这种方式，在采访中要求被采访者解释做某事的方式和原因。

· **咨询式**。在这种方式中，你要建立共识和直率地澄清信息。你之前已经收集了大量数据，当前要做的是与被采访者合作搜索有用的信息。中级层次的采访通常会使用这种方式，以分享先前收集的信息，并检查信息的质量。

· **盘问式。**这是一种探索性的，有时甚至是“咄咄逼人”的提问方式。幸运的是很多高风险决策并不都是对抗性的，但有时候也需要你通过提出尖锐问题的方式努力获取一些信息。假如你是一位中学校长，食堂发生了一起为了争抢食物而打架的事件，面对这种情形，你要采取的方式就是盘问。但是比尔、克劳迪娅、迈卡和约翰的绝大多数采访并不需要这种方式。

迈卡听到约翰·霍普金斯大学淘汰预科生的风声后，心里有些矛盾。他想弄清楚传闻背后的真实情况。他猜想约翰·霍普金斯大学负责招生的工作人员可能比较保守，或者故意隐匿信息。

比尔想要通过可提供连续护理服务的机构的营销部了解该机构的真实情况。他认为，自己可能需要根据从已经在该机构入住的人那里听到的担忧，向营销部的工作人员提一些尖锐的问题。

上述三种采访方式都有吸引人的优势，且每种方式都采用了不同的语气，选择了不同的措辞，使用了得体的句式。例如，科学式提问方式强调真实性，所以拟定采访问题时要做到客观；咨询式提问方式强调效用，所以相应的采访问题就必须有分析性；盘问式提问风格强调公正和坚持不懈，问题往往拟定为探究式，可能包括表达事实和观点的问题。盘问式采访方式应当慎用，必须经过周密考虑，并且始终对被采访者保持敏感。

我发现采用下面两种提问方式非常有用和有效。第一种方式是“返回”到你真正想问的问题上。小小的提示往往可以使疑难问题变得容易解决。所以，首先要问一些小问题，让被采访者讨论和证实一些看起来没什么争议的小事实。此时，当你准备问主要问题时，用扑克牌比赛中的话说，被采访者就会“被套牢”：对方已经探讨和透露了与主要话题相关的信息，所以你们的交流不会显得突兀，反而会直接跳到你真正想解决的问题上。

第二种提问方式比较简单，即直接切入采访的中间环节。在这种提问方式下，你可以把事实穿插到问题中。这表明你已经掌握了大量已获得证实的信息，所以被采访者继续沿着这个线索谈论是有意义的。例如，在我为美国外交关系协会撰写的一篇关于美国在非洲实施的反恐政策的新闻报道中，我加入了一篇批评美国这种做法的政府文件。我知道这个话题比较敏感，但是我希望让接受采访的国防部官员解决这个问题。我用盘问的方式向他呈现了我的证据，这样我们就可以坦率地讨论美国反恐政策中的一些缺陷。

弄清楚科学式、咨询式和盘问式三种采访方式中哪种更适合你，出发点是确定你需要何种信息。这与本书前面介绍过的研究框架的内容类似。研究框架可以帮助你思考研究的优势和缺陷。通过评估哪种采访方式最有效，你就能更好地与需要采访的形形色色的人建立信任、合作、友好关系和共同兴趣。当你这样做时，请记住这些采访方式互有裨益而不是相互排斥。我这样说的意思是，同时使用这些采访方式中的一种或两种，可以让你更好地用好第三种。

例如，尽管按顺序提问是合乎逻辑的，即先使用科学式（此时你是在直接收集信息），然后使用咨询式（此时你是在寻求共识），可以使你更好地使用盘问式；而先采用科学式，然后用盘问式，也可以使你更好地使用咨询式。这就要求你与被采访者合作，并真正做到与他们共享信息。

采用恰当的采访方式可以引导被采访者提供有相关性、适当、有用的信息，而且你无法仅仅通过查阅“绝对”阶段收集的数据或“相对”阶段查找的信息源获得这些信息。采用恰当的采访方式，你就能获得与更广阔的背景、研究对象相关并对关键概念至关重要的一系列特定问题的信息。

克劳迪娅在“相对”阶段研究发现，自己不仅仅需要一轮再培训，可能还必须在自己正思考挑选的两种专业中选择一种，接受持续的培训教育。她意识到，这两种专业的变化比自己预想的大。所以，她拟定了一份采访底稿和一份问题清单，以调查研究这个问题。她走访了本地医院的人力资源部，实地考察了刊登广告招聘计算机研发软件和数据处理的科学家、专家的企业，并且采访了一些医院和公司在职或离职的员工。有一名被采访者告诉她：“我经常阅读行业期刊，以掌握业内最新的变化。我意识到，我每年都必须抽时间参加业内举办的培训和研讨会，这样我的雇主就知道我掌握了本行业最新的技能。他们希望我可以跟上行业的发展。”

这种见解证实了她在“相对”阶段研究中的猜测，即尽管计算机程序设计行业和护理行业都是处于不断发展的领域，但是它们都在不断变化。她意识到，自己最初对这两个行业的看法太乐观了。鉴于她对两个行业有了新的了解，即二者均比她预想的更多变，她必须再次评估自己的决定。

迈卡在“绝对”和“相对”阶段的研究中无法找到关于匹兹堡大学医学院医学预科专业的任何统计信息。在“探索”阶段，他与该大学优秀生院的一位女院长交谈，终于获得了这方面的信息。院长告诉他，在匹兹堡大学大约有 25% 的人完成了一年级必修医学预科课程，这个比例略高于约翰·霍普金斯大学。她还告诉他，很多参加信息交流会的学生对医学预科专业的热情并不是很高；匹兹堡大学还有其他很多医疗卫生护理领域的课程，包括护理学、牙医学、紧急医疗救护技术员培训和医学研究。很多大一学生在很早的时候就转向学习这些课程。然而，在申请进入匹兹堡大学医学院的学生中只有 59% 的人被录取，比约翰·霍普金斯大学的录取率低得多。这位院长强调，曾经在医学预科管理办公室工作过的学生被录取的概率可以达到 79%，这个录取率几乎与约翰·霍普金斯大学相同。

最后这个数据促使迈卡再次评估了自己的关键概念，因为他了解到匹兹堡大学的医学预科管理办公室是提高学生进入医学院成功率的关键门户。他早就臆测到，自己无论在哪个学校上学都会有指导老师。但是他与约翰·霍普金斯大学的学生交谈了该校的指导体系，最后获得了令人失望的消息：该校的教师根本无法指导所有预科生，不能按课程规划一对一地辅导所有学生，也不能拟定适合每个学生在医学院学习的清单。约翰·霍普金斯大学积极鼓励学生在大学四年级学习期间申请进入医学院，而不是在他们尚在低年级时就申请。这就意味着迈卡须在高年级阶段完成申请，然后在大学毕业后等待一年再上医学院。他还了解到，约翰·霍普金斯大学的指导老师在模拟面试时给学生提供的指导更少。相反，匹兹堡大学在这方面的指导更多、更实用、更有效。

最后，为了跟踪 RateMyProfessor.com 网站上的信息，迈卡针对在该网站上看到的评论询问了约翰·霍普金斯大学的学生。该校的大多数学生似乎不使用该网站，他们会到处打听某位教授的声誉（这在匹兹堡大学很难做到）。然而，他们对教授的评价并不令人放心。有一名学生说："我认为，他们不是伟大的教授。他们是所在研究领域中顶尖的研究人员，所以，对他们来说得出标准的化学方程式就像系鞋带那样简单。他们不会花心思考虑我们都是一年级学生，我们并不理解这些学习材料。在约翰·霍普金斯大学，你可以学会如何独立学习。"

迈卡认为，自己是一名优秀学生并且知道如何学习。但是他不确定自己是否想上要求学生独立学习的大学。

☑ 针对采访时间，拟定核心问题

当今社会，我们每天的日程似乎安排得满满的。所以，当你为了自己获益而占用别人的时间时，请谨记这一点。换言之，拟定一份出色的问题清单的关键是考虑你有多少时间采访被采访者。如果你认为自己可能只有 15 分钟，就要准备一张内容全面的问题清单，然后将其精简为只包含核心问题，这样你就可以收集自己需要的信息，以更好地检查研究对象的关键概念。要做到让每个问题都有必要性且言简意赅，还要能在前一个问题的基础上不断把采访向前推进。

猎豹清单 15：你审视每个问题了吗？

1. 你是否以不同的形式撰写了相同的问题，出现了重复的问题？
2. 有没有不相关的、可以删除的问题？
3. 如何提高问题的清晰度？

在被采访者给的时间内，请你评估真正想要他回答的问题，并按问题的优先级排序，这样你的提问就能涵盖最重要的问题。

☑ 创建能激发被采访者兴趣的采访指南

在拟定了一份出色的问题清单后，就可以停下来创建采访指南了。你想让采访以何种方式向前推进呢？你最想让被采访者回答什么问题？

根据你获得的回答，你接下来希望提出哪些重要的问题呢？

采访指南是一种可以布局整个采访的“路线图”。有了采访指南，你就可以掌控采访的时机和进程，并在采访过程中确保自己能提出最重要的问题。

为了引导被采访者提供正确信息，请设定好推进话题和主题的逻辑流程。好的采访指南并不一定遵循简单的逻辑流程。它应当是很自然的谈话，既不太正式，又不像传统的面试那样使面试官和求职者之间的距离太远。

采访指南应当包含特定的开放式问题，并能使你事先审核提问的口吻、存在的偏见和问题的清晰度，使提问的措辞尽可能与问题紧密相关。在采访过程中，采访指南将作为基本的核查清单，以确保涵盖所有相关的话题。同时，它还可以确保你在采访过程中轻松地比较含相同信息的材料。

当然，创建了采访指南后，你可以在实际采访中针对具体的采访对象调整提问的措辞和顺序。你还可以把谈话建立在特定的主题领域内，自发性地提出问题，并且建立这样一种谈话风格：可以把重点放在某个事先确定的特定主题上。

为了使采访指南激发被采访者的兴趣，同时为了给采访拟定合乎逻辑的流程，使其类似于平常的谈话，你要按照故事板的形式让准备的问题有开头、中间和结尾三部分。

猎豹清单 16：在设计问题时，你是否运用了故事板？

1. 采访开头先介绍你、你的研究以及做这项研究的缘由。
2. 先提一些没有对抗性、无争议和容易讨论的问题作为开场，这些问题都要有具体的答案。
3. 导入有关你的关键概念的问题——你所关注的关于你决策的核心问题。
4. 最后以这些问题结束采访："我还有哪些问题没有提？""我的提问缺少哪些问题？"感谢被采访者，问对方如果将来需要再接触，该如何与其取得联系，并请对方推荐他人的建议和联系方式，以推进后续工作。

要意识到，如果没有创建故事板（story board），采访就显得突兀、不自然，甚至有可能会让人反感。人们一般喜欢谈论自己的工作，为了让他们分享他们自己的想法、感受和掌握的证据，就应该让他们与你这个陌生人待在一起时感到舒适、放松——无论你是通过电话采访，还是面对面采访，或者通过电子邮件采访。从记者的角度看，直接与被采访者面对面交谈是最好的采访方式，但是很多人更容易接受通过电子邮件采访。

关键是你要把自己放在被采访者的位置上，考虑你和你提的问题如何被对方理解。采访前，请设想自己是回答问题的一方。经你深思熟虑的问题会很敏锐地侵入你的信息源（即被采访者）的生活，而且会把你的善意敏锐地传达给他，让你获得有效和有用的回应。敏锐性和清晰度是相辅相成的。

这里强调的基本主题是，你要清楚自己想要挖掘哪些信息，然后设计问题并安排好提问的流程，最终获得想要的信息。如果你有能力合理地架构采访，你获取优质信息的概率会提高。

如果你打算与被采访者当面交谈，请事先排练好。如何才能让提问掷地有声呢？把你在研究中获得的一些证据加入问题中，这样被采访者就会明白你已经做了一定的功课并非常熟悉相关的问题。这能让被采访者相信你没有浪费他的时间，还可以使你更好地交谈，而不仅仅是一次采访，因为你会向被采访者表明你可以跟他分享数据和见解。

最后，为了辅助你与被采访者建立起联系，请调查你打算联系的每个被采访者的背景。这个研究阶段的目标不是了解被采访者的全部背景信息，而是找到某些共识，以帮助你与被采访者建立起密切关系，让你对采访主题有更深入的了解。你的调查可以是在如脸书、领英网等互联网上简单地搜索信息，以查看被采访者是否撰写过文章，有没有文章曾经引述过被采访者的话，以及被采访者有哪些个人爱好可以让你更容易地介绍他。

人们一般都喜欢被别人关注。如果你能注意到被采访者取得的成绩，或者向他展示你在采访前已经花时间了解过他，他很有可能受宠若惊。例如，当约翰想采访萨尔瓦多基础医疗卫生部门的领导者米莉亚姆·克莱默医生时，他让她知道自己很熟悉她从事的工作，以及自己在尼泊尔的工作与她在萨尔瓦多的工作很相似。他还提到，他们两人所在的组织都是在相同的环境下开展工作，并且两人所在国的政府都面临着巨大的挑战。约翰确信她的组织比自己的组织早好几年成立。所以，他认为可以向她学习经验。

采访指南的优势是可以确保你缜密地筹划如何最好地使用有限的采访时间。即便被采访者告诉你可以再次联系他，采访指南也允许你假设自己可能只有一次机会与他交流。

此外，条理清晰的采访指南可以让数据分析更容易，因为它可以让你找到每位被采访者给出的答案。采访指南还允许你复制：如果你或他人想要检查你的工作，采访指南将会帮助你准确地知道自己在采访中提了哪些问题。我们的目标是保证采访有相关性并适当、连续和有效果。

☑ 通过采访挖掘无法直接获取的信息

恭喜你！现在你已经做好所有准备开始采访了。实际上，采访工作有多项任务。它不只是用耳朵听。这项工作还要求你与被采访者轻松地互动，迅速形成洞察力；把谈话内容记下来，快速提出新问题；同时避免出现对提问强加解释的情况；通过调整说话的语气和停顿，提供能让对方理解的线索，或者向对方回应你没有说的话。

如果你认为仅是阅读采访指南就很累，那么你要知道，一次成功的采访更令人身心俱疲。切勿空着肚子采访，并且确保你为采访分配的时间包括你“采访后”的工作时间，采访后的工作应当在正式采访结束后立即展开。

做好采访的准备后，第一个挑战是打电话联系被采访者。这是经你认真构思的电话推销发挥用武之地的时候了。你计划采用的简短的“电梯交谈”是什么呢？

尽管没有一种最恰当的采访方式，但我建议你要在这次简短的谈话中实现三个目标：获得教益，引起对方重视，解决你急切需要解决的问题。你要想办法让对方现在立即就与你交谈。你要把自我介绍写下来并事先排练。以下是约翰使用的一种表达方式：

> 您好！我叫约翰，奥达基金会创始人。奥达基金会是位于尼泊尔的一家慈善机构，主要提供基础医疗卫生服务。我电话联系您是因为我注意到贵方也在向撒哈拉以南非洲地区提供类似服务。我目前在考虑扩大我们的医疗卫生服务，准备新增一家卫生所。我想向您咨询（此处插入你的第一个话题）。您现在方便和我谈谈吗？

如果你打电话的时机不对，那就找个合适的时间约谈。你要强调自己的日程安排很灵活，可以配合对方繁忙的日程安排。

在上面的例子中，约翰不仅做了自我介绍，还介绍了他的组织所在地和职责，并解释了为什么接电话的人与他的研究相关。这表明约翰在拿起电话前就已经做了相关准备工作，使对方更有可能与他交流，并且让对方感觉不会浪费时间。既然你已经做好了打电话的准备，就要有耐心并且充满自信。让某人愿意与你交谈可并不是一件容易的事。

以我的经验看，大约有四分之一的人最终能获得采访的机会（这还是在他比较幸运的情况下）。这是一个数字游戏。所以，你要做好被拒绝的心理准备，脸皮要厚一些，并谨记：你打的电话越多，获得的采访机会就越多。

如果有人认为你打电话介绍的内容对他们有用，他们就会继续接听。很多人都喜欢谈论工作，所以，如果你在电话中能让他们感觉你真的对他们的工作感兴趣，那么效果往往很好。然而，要谨记，不同层级或岗位的人有不同的经验。如果你与一位底层员工谈话，就要理解老板对你发脾气的感觉。如果你是与一位中层谈话，就一定要迎合他需要别人帮助的愿望和感觉自己很重要的愿望。如果你是与一位高层谈话，要向对方展示你对采访的话题非常精通，这样可能会引发更深层次的对话。

当你即将开始与某人电话交流时，请记住基提翁的芝诺[1]于公元前300年给出的明智建议："我们都有两只耳朵和一张嘴，所以我们应当多听少说。"做到这一点很难，重要的是要认识到不同的人有不同的说话方式，如果你学会了调整自己，适应每位被采访者的个人习惯，就能获得最佳的谈话效果。做好采访的引导需要勤加练习，不仅需要收集数据，

[1] 基提翁的芝诺，古希腊古典哲学家，斯多噶学派的创始人。——译者注

还需要互动和建立良好关系。采访的目的是挖掘他人的想法。这并不是给被采访者灌输新思想，而是了解他看问题的视角。

要记住，一般情况下我们采访的目的是挖掘我们无法直接获得的信息，比如感觉、想法和意图（有时候采访的目的可以是佐证或反驳我们已经观察到的事物，我们将在后面探讨相关内容）。我们希望进入对方的视角，因为这样的视角是有意义、可探知、近在眼前的。

采访可以向你提供你无法独自获得的见解，可以证实你已经收集的数据和信息，并且让你深刻理解某事物是如何运作的，或者为什么它会以这种方式运作。

采访者的职责是提供一个平台让人们可以轻松、准确和诚实地回答开放式问题。采访获取信息的质量很大程度上取决于采访者。

当你希望快速完成必要的任务时，你确实希望被采访者能为你提供足够的指导以帮助你完成工作。所以，你要保持开放心态，不要过度引导被采访者，要让他们感到他们提供的信息有意义、有价值。你要鼓励与你交谈的人敞开心扉，并弄清楚应如何回应对方，以配合谈话的进展。

如果是面对面采访，请留意被采访者的举止。他表现得自然和友好吗？他看起来紧张吗？如果他紧张，说明你可能提及了让他不舒服的话题，或者他想说更多却犹豫不决，或者他还在构思自己的想法。

无论你通过电话采访还是面对面采访，我都建议不要打断采访中的停顿，要允许被采访者沉默，这样被采访者就可以自找话题。要允许被采访者自主决定如何填补他谈话中的沉默阶段。

☑ 做笔记并梳理出重要的见解

如果有可能，电话采访时最好戴上耳麦。这会避免被采访者听到你敲击键盘的声音。要知道，这种声音会让对方不舒服。你不希望把电脑键盘放在你与被采访者之间——这会把很轻松随意的谈话变成面试。

如果被采访者语速很快，你就要放慢采访节奏。做笔记时要尝试复述被采访者说过的话，或者请他复述一遍。你还可以这样说："可以占用您一点时间吗？您提到了一个很重要的观点，我想把它记录下来。"

我还发现学习速记非常有用。为了提高打字速度，我经常不记录单词的元音。下面是我的一些习惯性做法：

1. 做笔记时，只用引号表示全部引述或部分引述。

2. 开发一套能标示说明性文字、概念和想法的符号。例如，我会用括号区分自己的想法和被采访者的想法。我还会利用页边的空白处记录"没有表达出来的语言"，比如某人是否对某个特定问题生气，或者某人知道的似乎比他表达的多。

3. 记下你问的问题，写下问题的数量，并将记录的问题编号（与你的采访指南上的编号对应）。

你或许想做采访录音，但是单方面录音只是在某些地方允许。所以，你要查看自己所在地方的法律法规。即使你录音了，也要记笔记。记笔记是一种积极的倾听，也是过滤信息的过程。用笔做记录或用电脑打字做记录，你会更容易地找到某人在采访中说的话，并有助于自己将来分析问题。有时候即使是最好的录音设备也会出问题，所以书面笔记永远都是一种不错的备用手段。

如果你正在录音和做笔记，要把开始采访的时间写在笔记本的最上部，然后每隔 15 分钟左右把时间记录在笔记本的空白处。

采访结束后，立即利用几分钟时间安静地通读一遍笔记内容。你要利用这一小段“采访后”的时间，确保自己已经把问题编号记录在被采访者相应的回答旁边，并趁热打铁补充和润色自己快速记录的内容，这样的记录会更全面。

如果你改变或增添了一些内容，而这些内容不能准确地反映被采访者说的话，就要做特别的标记。这样你就不会把被采访者说的话与你在采访后做的记录混淆。在采访的一些重要环节，被采访者的说话方式和动机会给你留下某种印象。你一定要把自己的这些印象记录下来。如果你认为某人不太真实或不够坦诚，要记下你为什么会有这样的印象；或者你要记清楚某位被采访者是否通过口头或非口头方式暗示他担心与你分享某些信息。采访结束后，你可以继续留在采访现场，并立即通读一遍笔记，你会惊讶地发现这些笔记与你想象的不同。

为了方便将来跟踪，你一定要把采访的信息添加到你的联系人清单中，并且附带上关于沟通的内容和效果的批注。这样你就有了更好的背景，以了解在将来“探索”阶段的研究中如何联系被采访人。也能提醒此人，你们最后一次谈话发生在什么时间，以及你们都探讨了什么话题。请注意关于未来要联系的被采访人的任何建议，以便你可以回忆起你们未来要对接的其他事项。当然，你还要给被采访者寄一封信或发送一封电子邮件表达感谢。这会加强你和被采访者之间的互动。

最后，请暂停，根据你的采访拟定论点陈述。

在确定了好的采访对象后，约翰立即草拟了一份问题清单。这份清单将检查、核实和补充他在“绝对”和“相对”阶段的研究中收集的信息，还将帮他收集新信息。随后，他就着手采访。他大约采访了六次，大多数是电话采访，只有一次电子邮件采访和一次面对面采访。

下面的内容摘自约翰的一次采访。他与奥达村的一位医生谈了话，还与当地的医疗卫生官珊卡尔·罗哈拉医生交流。他用下划线标记了有意义的回答，并指出了自己将来的研究方向。

问题：政府的那栋大楼仍然会给奥达基金会吗（政府的许可是在6个月前下发的）？

答案：是的，（奥达基金会）所在地区的政府与其上级政府皮里政府签署了一份许可书，证实如果我们决定使用这栋大楼，我们不会有任何问题。

问题：目前大楼的状况怎样？把基本的医疗设施和材料搬入大楼前，还必须投入多少时间、精力和资金？

答案：大楼的结构尚佳。只需要简单装修即可向人们提供基础医疗卫生服务。

问题：会有更多的人从卡利科特以外的地方来这里看病吗？

答案：有可能会，具体人数尚不清楚。

问题：有多少人将会使用这套新设施，而不必去奥达基金会？

答案：不确定。但是与奥达村的医疗团队成员谈话时，他们一致认为患者人数一定会比奥达基金会更多。

问题：在财务方面，奥达基金会的卫生所和皮里地区的其他医疗机构有较大差异吗？

答案：如果我们继续把重点放在初级医疗卫生护理上，而没有真正的核心竞争力，那么唯一真正的差异就是诊所数量的差异。

问题：选择与政府合作，政府会同意这种模式吗？

答案：是的，据当地主管医疗卫生的官员说，我们计划实施的这种模式也是政府的首选。

问题：如果奥达基金会与政府合作，社区会配合吗？

答案：没办法确定。这是该地区比较重视的问题之一。负责或参加的人有哪些、有什么要求等，都没有办法确定。

问题：从医疗卫生教育的角度来说，应该解决哪些问题？我们应该做什么？为什么？

答案：珊卡尔医生想要探讨的是，她同意把重点放在对孕妇和青少年的教育上，这是很有益的。

上述采访显示，开第二家卫生所以及与政府展开合作都得到了政府的支持。但是开第二家卫生所，患者有多少还无法确定。被采访者两次都提到，他们不清楚会有多少病人到新卫生所看病，但是约翰确信患者人数将比奥达基金会目前接待的人数更多。很明显，患者到底有多少还不确定。约翰了解到，尽管该地区的医疗卫生办公室支持扩张卫生所，但是没有办法确定基层民众是否支持政府开办的卫生所。

他从采访中得到了两个重要的见解。第一个见解是情报方面的。他通过采访更确信：在路边开一家卫生所有可行性，而政府开的卫生所有诸多问题。通过采访当地主管医疗卫生的官员和一位曾经在多家卫生所供职的医务助理，他了解到，政府开的卫生所相互之间并没有可比性。政府开的有些卫生所配备的医务人员可能更优秀，但存在医疗物资供应不足的问题；有的面临某种疾病大肆流行的问题，有的则可以治疗各种疾病。这些卫生所存在的问题都是局部性的。他意识到，与政府开展合作并利用其医疗卫生系统开展医疗教育活动，比他预想的更棘手。约翰还证实，在短期内推广无人机这个待选方案不具备可行性。

他获得的第二个见解也很重要。这个见解来自被采访者的行为，只能通过当面采访获得。他仔细研究了被采访者的语言和非语言线索。与他交谈的大多数人在尼泊尔政府医疗卫生系统工作，这些人说话不仅很局促，而且言辞闪烁。他并没有感觉到尼泊尔各地医疗卫生系统的领导人真的很了解每个卫生所日常运作的情况。他并不相信做决策的这些人确实知道他们自己发出的指令正在施行，或者知道这些指令是否已经执行，以及是否持续高质量地执行。

约翰通过 AREA 法“探索”阶段的研究得到的深刻见解有颠覆性。无论是从“绝对”阶段的研究，即阅读尼泊尔政府披露其医疗卫生机构的文件，还是从“相对”阶段的研究，即尼泊尔政府只是泛泛地向他提供了一些问题的信息，都没有说明诊所之间有什么具体的差异，也没有阐明社区对这些问题的看法。

他根据自己在“探索”阶段的采访得出了下列论点陈述：

> 我的采访证实，尽管修复政府提供的大楼需要的资金比预想的多，但开第二家卫生所的方案仍有可行性，是比较现实的选择，而且会受到社区的欢迎。这意味着必须筹集比预计更多的资金，并且将把我们扩大服务范围的工作推迟 9 个月。“探索”阶段的采访还显示，造访第二家卫生所的患者要比预计的多很多，而且需要我们诊治比以往更多样化、更严重的疾病。这会让人们怀疑我们在财务和运营上的能力。此外，尼泊尔政府明确地表明了立场，即我们应该与政府的医疗卫生系统合作，而不是新开一家卫生所。
>
> 与政府合作存在的问题比我们最初从三个方面分析总结出的问题更多：首先，可能需要奥达基金会开展多种不同的医疗卫生教育活动，而不是单一的综合教育，这是因为各卫生所的需求似乎不同；其次，采访揭示了负责医疗卫生系统的政府官员并没有清晰地认识

各诊所日常工作的内容；最后，还不清楚政府对医疗卫生教育活动有怎样的期望，这需要澄清。这再次引发了一个问题，即奥达基金会是否有能力与这些诊所合作开展预防保健教育活动，而不是开展疾病治疗活动。如果奥达基金会能维持独立性，或许是解决问题的办法。

“探索”阶段的研究证实，使用无人机要求在基地配置互联网接收信息，而尼泊尔的很多地方不具备这个条件，所以这个待选方案目前尚不可行。

约翰从他的论点陈述中得出了结论，他的关键概念正在不断演变。他把最初的五个关键概念减少到现在的三个，因为他的研究加深了他了解真正需要的信息，从而做了制定奥达基金会增长战略的决策：

1. **支持**。奥达基金会是否同时得到了政府和社区的支持？仅仅得到两个赞助方中的一方支持是不够的。政府希望与它展开合作，但是社区对政府医疗卫生系统的体验是怎样的呢？他必须抛开传闻审视政府医疗卫生系统声誉不好带来的风险。

2. **执行力**。奥达基金会是否有能力在两个待选方案中取得成功呢？

3. **财务效用**。每花1美元会产生什么影响？约翰可以用几种不同的方式来明确这个问题。可能是治疗的患者数，或者是参加月经期保健教育论坛的女孩人数吗？或者可以评估有多少女孩在参加了教育论坛后提高了出勤率吗？

像约翰那样，你应当能通过“探索”阶段的研究进一步提炼自己的关键概念。下一个研究步骤是“利用”。整个研究工作将从评估外界因素转移到评估你自己的想法，以及你自己的研究可能会在哪些地方出错。

第4章

审视预先假设：评估现有信息，确保决策分析的准确性

习惯就是习惯，谁也不能将其扔出窗外，而只能一步步引诱它下楼。

——马克 · 吐温

请阅读下面这段文字：

【原文】

Aoccdrnig to rscheearch at Cmabridge Uinvervtisy, it deosn't mttaer in what oredr the ltteers in a wrod are, the olny iprmoetnt tihng is taht the frist and lsat ltteer be at the rghit pclae. The rset can be a ttoal mses and you can sitll raed it wouthit a porbelm. Tihs is besauae ocne we laren how to raed we bgien to aargnre the lteerts in our mnid to see waht we epxcet to see. The human mnid deos not raed ervey lteter by istlef, but preecsievs the wrod as a wlohe. We do tihs ucnsoniuscoly wuithot tuhoght.

【译文】

剑桥大学的一项研究表明，一个单词中字母的顺序并不重要，唯一重要的是其首尾两个字母的位置要正确。单词中其他字母的顺序可以是混乱的，但你仍然可以毫无障碍地阅读。这是因为一旦我们学会了如何阅读，就开始在大脑中排列字母的顺序，以看到期望看到的单词。人类的大脑并不拘泥于辨认单词中的所有字母，而是把单词作为一个整体观察。我们这样做时处于无意识状态，根本没有思考。

你现在要做的就是在上述字母顺序混乱的单词中确定单词的含义。令人吃惊吧？这怎么可能呢？信息进入我们的大脑后，大脑会将其自动重组，并把新信息放到现有的经验和熟悉的思维模式中。即使绝大多数信息都是全新的，大脑仍然会默认先前激活的模式，并自动“纠正”或“处理”接收到的信息。

在上面的示例段落中，你的大脑读取了少量信息（单词的第一个字母和最后一个字母）并激活了“用词通道”，所以你就能看到并理解这个单词的含义。这就是当我们尝试新想法和解决问题的办法时，我们经常会想到熟悉的办法。信息在同一个渠道流转，形成相同的旧连接，一次次地产生相同的旧想法。我们的大脑几乎有自己的“司法系统”，会根据先例做决策。我们都有让自己不再学习新事物的（善意的）内在动机。

AREA 法承认我们在认知上有缺陷。它不仅能帮助你识别信息源和视角，而且能促使你以合理的态度怀疑收集的信息，还能让你发现新的或不确定的数据。鉴于所有信息都受到其提供者的影响，“E”阶段的第二个分阶段从“探索”推进到了“利用”。在“探索”阶段，你将通过倾听他人的意见拓展自己研究的宽度。在“利用”阶段，你将评估自己的视角和对信息的诠释。

“利用”阶段的练习是为了分解你收集的信息和思考过程，这样你就可以研究二者的组成要素和结构。它将帮助你评估你的工作，然后赋予其价值，同时严格控制你的认知捷径。它还将引导你收集更多的信息，做更多的工作。

在第 5 章中，你将学习分析和处理你收集的所有数据，并利用最后一个“猎豹清单”暂停的间隙提出这个问题：“这些信息表达了什么意思？”

评估和诠释是两种不同的思维方式，我们往往将它们合二为一。评估指的是鉴定某事。诠释是指对该事物含义的看法。AREA 法对我们提出了挑战，它通过把评估和诠释区分开来，让我们慢下来思考自己的思维方式。在第 5 章结尾，你将不得不再次依赖自己的判断。

为了开展评估，本章将为你提供一套创造性的工具和技巧。这些工具和技巧都是从新闻学、情报搜集、医学以及心理学领域的专家那里借鉴来的，将辅助你提高分析能力，并保护你避开由偏见造成的错误。这些错误会妨碍你正确理解数据。我们利用获得的不完整信息把事物结合在一起的本能可谓是一把“双刃剑”，但是在做高风险决策时，我们要避免其不利的一面。

这样做的目的是获取新见解、新颖的创意和解决方案。当新信息进入大脑并与先前存储的信息结合产生新的理解时，洞见就产生了。你可以通过积极学习或让头脑冷静获得它。本章的练习将帮助你通过激活这些链接获得深刻见解。这些创造性的练习旨在：

- 帮助你找出自己受教育方式中的缺陷，让你相信自己的判断。
- 鼓励你把各种信息联系起来，并从自己的研究中获得见解。
- 帮助你超越既定事实的界限，促进自己思考。

谨记：真理并不一定就是确定无疑的事实。下列练习虽有不确定性，但能引导我们清晰、深刻地评估形势。正如美国中央情报局分析师小理查兹·J. 霍耶尔在他的《情报分析心理学》一书中写的那样：“重大情报失误，都是由分析上的失误造成的，而不是收集数据失误引起的。”[1]

霍耶尔等人教给我们避免这类错误的方法就是不要简单地确证自己已经相信的事物，而是要否证它们。

否证的一种很著名的方法就是我们很多人在早期的科学课上学到的“科学方法”。自 17 世纪以来，科学方法就教会科学家证明他们不能否定

[1] 中文版《情报分析心理学》，小理查兹·J. 霍耶尔著，张魁译，金城出版社，2015 年。——译者注

自己的假说，而不是试图证明他们可以证实自己的假说。这种方法有四个简单的步骤：

1. 确定一个问题。
2. 表述有根据的猜想或假说。
3. 设计实验验证该假说。
4. 分析结果。

就像这种科学方法一样，本章的练习旨在提供客观的、标准化的方法验证假设，把偏见带来的影响最小化。在你的“绝对”“相对”和“探索”阶段的研究中，你已经用自己的论点陈述创建了几个假说。在本章，你将开发和验证其他假说，把自己的研究以先前的假说为基础向前推进。这里采用的方式与科学家按照“科学方法”完善其假说如出一辙。通过采用标准化的方法审视自己的假说，你将更坚信自己可以坚持事实并限制自己先入为主的观念的影响。

然而，即便有了这样一套严谨的方法，我们仍然可能犯错误。我们可能无法准确找到造成错误的原因，比如计量或数据选择方面的问题，我们也可能会把假说误当成事实性陈述。例如，请思考 2003 年美国政府犯的严重错误：当时美国入侵伊拉克依据的就是布什政府声称伊拉克藏有大规模杀伤性武器。布什政府的这种说法并非事实性陈述，只是假说。

此外，在没有确凿证据证明的情况下，一种理论可能是正确的。例如，早在人类找到证明黑洞存在的证据前，相对论就预测了黑洞的存在。

然而，科学研究的对象之一——也是学习本章的目的——是即使你认为某种理论将会产生某个结果，也要努力反驳它。

关键点是你不仅要找到能证实自己的假说的信息，还要证明自己无法否证它们。这是一个很稳健的过程，可以减少犯错误。如果某条路上有两个不可逾越的障碍，即使有 20 个理由走这条路，也无济于事。

伯克希尔·哈撒韦公司副董事长查理·芒格喜欢使用这种技法，他以曾经说过“逆向思考，始终逆向思考”而闻名。通过逆向思考，我们就可以有意识地控制自己的思维。这听起来可能比较容易做到，但实际操作起来比较困难，因为我们往往急于得出结论。

下面四个练习，可以帮助你质疑自己的想法和掌握的数据。尽管你可能希望从这些练习中选择并查看自己收集证据的各种方法，但这些练习是不能互换的。相反，它们是相互联系的。它们共同作用，让你跳出自己的视角。它们是思维通道阻滞剂，可以推动你的思考和决策习惯从固有的路径转向新模式。在理想的情况下，每个练习都能让你以新角度看待自己的决策，这样你就能分层次理解自己的决策。基于这个原因，本章的练习将全程跟踪约翰，看看这些练习如何共同发挥作用，让他对自己的选择有新认识。

☑ 竞争性替代假设练习

竞争性替代假设（简称 CAH）是由小理查兹·J. 霍耶尔开发的。此人是在美国中央情报局工作了 45 年之久的资深情报专家。20 世纪 70 年代，霍耶尔负责美国中央情报局情报处下属的情报搜集科。他在任职期间意识到，美国中央情报局绝大多数的情报错误不是由数据不足造成的，而是人的偏见导致正确处理数据的能力不足造成的。他撰写了《情报分析心理学》，详细阐述了自己对人类知觉问题的一些思考和这些问题在分析错误中的表现。

霍耶尔认为，虽然我们在处理复杂信息时受到自身固有心理缺陷的影响，但是分析人员可以通过建立一个系统，管控这些心理缺陷。在开展竞争性替代假设练习时，霍耶尔希望为研究人员提供无偏见的分析方法，以避免某些常见的分析陷阱，比如忽视与现有假设冲突的证据，或者在没有充分证据的情况下拒绝另一个可替代性假设。通过系统地审视证据及其含义，竞争性替代假设避免了受偏见影响而忽视某些证据的错误。此外，就像你可以利用“猎豹清单”暂停的间隙拟定自己的论点陈述一样，你也可以通过竞争性替代假设留下审视问题的痕迹。

竞争性替代假设与传统分析法最大的不同有两点：

首先，竞争性替代假设从一套完整的假设开始，而不是从你寻求证明的最有可能的假设开始。通过列出你的全部假设和数据，竞争性替代假设系统地评估了每个数据对每种假设的影响。你通过给所有的假设都投入足够的时间和注意力，就不会屈从于偏见。你不会仅仅把证据与自认为可能性最大的假设匹配。这确保了可替代性假设能获得公平的对待和均等的机会。尽管你可能比较幸运地用一种不精确的分析方法解决了问题，但使用竞争性替代假设可以切断数据与不总是明显或凭直觉获知的假设之间的关键联系。你应该不会粗暴地对待意料之外的洞见。

其次，尽管传统的分析法通常需要寻找证据证明某种假设被偏爱，但竞争性替代假设可以识别和锁定能证明多种假设的数据。这意味着这些数据可能没有预想的那么有用。可以证明特定假设的数据可能看起来比较有吸引力，但是如果它可以证明每一种假设，那么它实际上没有多大诊断价值。可能没有确定的数据证明某些真实的事情，但可能有数据信息证明某些不真实的事情。因此，在竞争性替代假设练习中，关注消极因素比关注积极因素更重要。结果就是能证明可能性最大的假设的证据往往最少，而能证明可能性最小的假设的证据往往最多。

起初，约翰认为，已经成功开了一家卫生所是开第二家卫生所的有力证明。随着竞争性替代假设练习的深入，他意识到，搞清楚如何成功地提供医疗卫生服务可以证明他的两种假设。这个发现有积极的作用，表明他可以成功开第二家卫生所，并与政府成功合作。因此，关于成功开第一家卫生所的数据几乎没有参考价值。

竞争性替代假设练习会让你不去追求科学家所谓的“满意”决策，或者不挑选看似令人满意的第一个解决方案，而是审视所有的可能性，从中选择最佳解决方案。例如，如果你选择杂货店里某种特定品牌的奶酪，“满意度”可能会产生很小的影响，但是如果某个决定影响了你未来数年的收入潜力和工作满意度，那么做这个决定付出的代价就太大了。

通过全面审视所有可能的解决方案，你就不太可能因为只证实自认为正确的假设而误入歧途。你也不会冒险用足够的证据证明自己偏爱的假设，同时却没有认识到绝大多数证据也与其他假设相符。你还可以发现先前未考虑过的分析证据的方法。

竞争性替代假设练习将更多的注意力集中在可替代性假设上，从而把任何情况下固有的不确定性完全显现出来了。用霍耶尔的话说就是“虽然数据较贫乏，但可能性很大”。虽然这样的不确定性往往令人非常沮丧，却能更准确地反映真实情况。正如伏尔泰说的：“怀疑不是令人愉快的状态，但确定无疑则是荒唐可笑的状态。”

通过把注意力集中在导致不确定性的少数几个关键证据上（或者如果有这些证据，就可以减少不确定性），竞争性替代假设练习可以指导你在未来收集、研究和分析信息，以应对不确定性，并获得更准确的判断。

竞争性替代假设练习共有八个步骤，这些步骤的依据皆来自认知心理学和决策分析。后续的探讨可以让你把目光有效地聚焦在产生不确性的根源上。你可以登录 areamethod.com 网站，了解以下提纲的详细说明。下面的“猎豹清单”包含了分步骤启动竞争性替代假设练习的提纲。

猎豹清单 17：你是否已经做了竞争性替代假设练习?

1. 确定可能需要详细审视的假设。
2. 制作一份清单，其中包括重要证据以及支持和反对每种假设的论点。

3. 准备一张图表，把假设放在图表的顶部，证据则放在图表的下面。分析证明每种假设的证据，确定哪些证据证实了哪种假设，哪些属于被证明不成立的证据，以及哪些证据需要更多的研究才能确定它们是否能证实这些假设。
4. 完善上述图表。重新审视假设，并把没有诊断价值的证据和论点删除。
5. 得出每种假设的相对可能性的初步结论。采用的具体方法是尝试否定每种假设，而不是证明假设成立。
6. 分析你的结论对少数几个关键证据的影响有多大。思考你的分析结果，看看证据是否错误、有误导性或有不同的解释。
7. 公布结论。讨论所有假设的相对可能性，而不只是讨论最有可能的假设。
8. 确定未来关注的节点，这些节点可以证明事件正经历不同于预期的发展进程。

这个练习要求你清楚地描述自己的假设。迈卡有两个相互对立的假设：

1. 匹兹堡大学会让我成功进入医学院。
2. 约翰·霍普金斯大学会让我成功进入医学院。

基于他渴望进入医学院而非其他学院，他提出了自己的假设。最初，他有五条证据验证自己的上述两种假设：

1. 完成医学预科课程的学生比例。
2. 医学预科专业的学生被医学院录取的比例。
3. 医学院的可选择性。
4. 本科阶段从事研究的机会。
5. 毕业时背负的债务。

当他开始绘制竞争性替代假设图表时，他意识到如果自己不能完成医学预科课程，医学院的可选择性就真的不大了。相关的数据对他非常不利：从全国范围看，无法完成医学预科课程学习的学生远远多于完成的学生。约翰·霍普金斯大学有 80% 的淘汰率，比匹兹堡大学 75% 的淘汰率高不了多少。

迈卡该如何战胜这些困难呢？他开始思考能确保自己通过医学预科课程的最好方式：他希望最优秀的教授为他讲课，希望获得指导老师的支持，还希望指导老师可以提供帮助。当他根据这些条件思考这个决定并把实施两种待选方案的成本考虑进来时，他最终获得了意想不到的答案：迈卡选择了匹兹堡大学。

尽管 AREA 法有很多步骤，但迈卡省略了从竞争性替代假设练习到“分析”阶段研究的步骤。竞争性替代假设是如此具有颠覆性的方法，以至于他不再需要更多“利用”阶段的练习了。

对约翰来说，竞争性替代假设练习指引他重新返回之前的步骤做了更多的研究工作——他非常勤奋地完成了工作，并且最终改变了对奥达基金会扩大规模这个待选方案的认识。

奥达基金会竞争性替代假设练习

约翰的竞争性替代假设			
		在路边开卫生所，扩大服务范围，带来积极正面的结果	政府医疗卫生系统和医疗卫生教育活动改善了医疗保健和预防性护理水平
证据	捐赠设施	+	不适用
	基层民众对该项目的支持	+	+/？
	接入政府医疗卫生系统	不适用	+/？
	设施的状况	–	不适用
	可用的医疗卫生人员（杰加特地区）	+	+
	先前成功的教育活动	+	+
	位于路边的卫生所的患者数/疾病种类	？	不适用
	此前取得成功的诊所	+	+

从上表中你可以看到，在路边开卫生所和与政府开展合作这两个待选方案都有积极的效应。但是在完成竞争性替代假设练习后，约翰知道积极的效应实际上并不重要。他应该注意的是负面影响，但他尚无法确

定负面影响有哪些，因为他缺少一些关键数据。

他确定了三个因素（位于上表中灰色区域的内容），这些因素将是决定他做哪种决策的关键因素。对于与政府开展合作这个待选方案，他不知道本地社区是否会接受奥达基金会的合作关系，他也不清楚把奥达基金会与政府联系到一起会带来多大的负面影响。对于开第二家卫生所这个待选方案，他没有任何数据证明该卫生所未来将接待多少患者。

这些问题都有可能让奥达基金会具备成功扩大规模的能力，也有可能让它丧失这个能力。通过勤奋、深入地思考以及竞争性替代假设练习，约翰意识到自己需要收集一些数据证明或者否定自己仍然心存疑问的三个因素。

对于开第二家卫生所，他需要的是证明该卫生所届时的患者人数和将治疗哪些常见疾病的数据。对于与政府开展合作，他需要的是证明社区接受度及奥达基金会在同政府的医疗卫生系统开展合作的同时是否可以保持独立性的数据。确定了这些因素后，约翰就可以决定每个待选方案是否有可行性。

“这个练习的确把需要重点关注的内容具体化了。”约翰说，“它确定了奥达基金会需要什么关键信息，还促使我回顾 AREA 法所有研究的前三个阶段，以获得关键的数据。”

约翰把竞争性替代假设练习带来的不确定性视为自己回顾“绝对”阶段研究路边卫生所所在地附近的人口数据的理由。对于与政府合作，约翰在第二轮“绝对”阶段研究中查看了尼泊尔全国有关医疗卫生的数据，以弄清楚正在奥达村开展的女性医疗卫生教育活动是否可以推广到其他地区。

在“相对”阶段，他核实了尼泊尔的人口信息和全国的医疗卫生问题。他查看了相关的文献资料，以了解在发展中国家开展预防性医疗卫生活动面临的挑战和成功经验。

在“探索”阶段，约翰采访了更多的宗教界领袖和本地医院的工作人员，以更好地评估两个待选方案将获得多大的支持和投入多少预算。他与运营女性医疗卫生教育活动的组织机构交流，比如 Purple Lily 和 1000 Days 这样的组织。他在自己的乡村卫生所所在地发起了一次类似的活动，并获得了相关数据。数据显示，女生在其就读学校的出勤率增长到了 70%。

克劳迪娅的竞争性替代假设练习

当克劳迪娅开始自己的 AREA 法研究时，她感觉计算机程序设计行业似乎比较容易进入。由于该行业新开了很多培训学校，所以，相比较而言入学的障碍较小、费用更少、门槛更低。但是她并不着急判断，而是从其他角度审视整体情况发生了什么变化。她在“相对”阶段的研究中提出的疑问，甚至是“探索”阶段的研究，都让她对计算机程序设计行业是否适合自己产生了怀疑。

克劳迪娅在竞争性替代假设练习中意识到，在计算机程序设计领域目前还存在一些未知的因素。尽管该行业的培训成本低于护理行业，但是计算机程序设计培训学校的录取率非常低。甚至在开始学习哪种语言前，她就必须先弄清楚这种程序设计语言，所以她必须在一开始就专攻这门语言。她目前尚不清楚自己选择的计算机程序设计语言技能是否会持续升值，这可能会影响她在计算机程序设计领域的职业发展。

她该如何确切地知道企业未来会看重哪种程序设计语言的价值呢？她该怎样知道自己选择的语言是否与黑莓手机和 iPhone 的程序语言相同呢？

竞争性替代假设练习明确地显示，克劳迪娅将要学的新技能可能随着计算机程序设计技术的发展迅速过时。通过练习，她确信，护理行业有一个坚实的核心：人们生病时需要护理。同时，虽然这个行业可能受到技术进步的影响，但最基本的技能不会完全被新技术取代。

<table>
<tr><th colspan="4">克劳迪娅的竞争性替代假设</th></tr>
<tr><td colspan="2"></td><td>护理</td><td>计算机程序设计</td></tr>
<tr><td rowspan="7">证据</td><td>成本</td><td>-</td><td>+（更低的成本）</td></tr>
<tr><td>获得必备知识需要的时间</td><td>-18 个月</td><td>+3～6 个月</td></tr>
<tr><td>很快被录取的可能性</td><td>+</td><td>?</td></tr>
<tr><td>一开始就要求掌握的专业知识</td><td>+</td><td>-</td></tr>
<tr><td>工作能力的保值性</td><td>+</td><td>?</td></tr>
<tr><td>业内发展空间</td><td>+</td><td>?</td></tr>
<tr><td>工作满意度 / 工作环境</td><td>+</td><td>?</td></tr>
</table>

此外，克劳迪娅回忆了自己在“探索”阶段的研究中遇到的与会者，

她想知道假如她所在的行业没有与她同时代的同事，她会有多高的工作满意度。计算机程序设计听起来令人非常兴奋，但克劳迪娅总结道，这并没有出乎她的预料，因为这是她在“绝对”“相对”和“探索”阶段的研究中建立起来的认识——她对护理行业更放心。

☑ 正反分析练习

这个非常有用的分析工具可以追溯到 1772 年本杰明·富兰克林写给好友约瑟夫·普里斯特利的一封信。当时，普里斯特利纠结于一个非常棘手的问题。这个练习要求你把不同的研究整合成两种不同的连贯和紧密结合的论点陈述，分析和理解同一件事情的正反两个方面。做某个决策的理由是什么呢？不做这个决策的理由又是什么呢？

即使克劳迪娅在做完竞争性替代假设练习后强烈倾向于选择护理行业，但她在决定上计算机程序设计培训学校而不是护理培训学校的问题上，还是分别拟定了正反陈述。在正面陈述中她写道，她应当选择护理培训学校而非计算机程序设计培训学校。在反面陈述中她持有相反的观点。

猎豹清单 18：你是否已经做了正反分析练习？

1. 首先写两份简短的备忘录：一份是以赞成的口吻拟定的决策，说明你应该做什么，另一份则是相反的决策。
2. 接下来分别写两篇独立的叙述性短文：它们分别证明上述每一个决策论点，并分别列出了证明上述决策论点的所有理由和证据。请注意，正反两种叙述都要回答两个决策论点的每个分论点。如果你在赞成的情况下提出一个具体的理由，那么在反对的情况下也要有相应的理由。这种做法将帮助你审视分论点是否有缺陷。
3. 当你写好上述两个有说服力的决策论点后，请你写下对研究发现的分析。

以下是约翰为两个待选方案（即开第二家卫生所以及与政府开展合作）拟定的陈述。

开第二家卫生所

关于在路边开卫生所的正面陈述：通过开一家位于道路旁边的卫生所，直接向更多的人提供医疗卫生服务，奥达基金会可以有效地提升自身的影响力。

关于在路边开卫生所的反面陈述：如果在路边开一家卫生所，奥达基金会将面临人满为患的局面。其有限的预算或许会制约自己成功地向新增加的患者提供医疗卫生服务的能力。

与政府开展合作

关于政府医疗卫生系统的正面陈述：通过开展医疗卫生教育活动，奥达基金会不仅可以在政府的医疗卫生系统中成功地开展工作，还可以扩大自身的影响力。

关于政府医疗卫生系统的反面陈述：奥达基金会无法在政府的医疗卫生系统中成功地开展工作，也无法通过开展医疗卫生教育活动扩大自身的影响力。

正反分析练习的目的并不是形成某个观点，而是站在两种观点的角度上全面地理解支持和反对研究对象的论点。研究结果不仅应该阐明“事物的另一面”，而且要为将来进一步开展有针对性的研究提供指导，以探讨正反分析获得的问题的答案。

下面的内容是约翰针对开第二家卫生所和与政府开展合作这两个待选方案做的正反分析。

开第二家卫生所的正面陈述： 在路边开一家永久性的卫生所将策略性地利用奥达基金会已经取得的基层民众和政府的支持，把奥达基金会的医疗卫生服务扩展到超过1.5万名新增的患者。奥达基金会之前直接提供基础医疗卫生服务取得的成绩，治疗每名患者需要的成本极低，这些因素都增加了成功开第二家卫生所的概率。此外，奥达基金会发现了一位训练有素且可以信任的医疗专家，此人愿意与奥达基金会合作。从财政上来说，这个选择会让该组织以每看一次病平均需要约3美元成本向近1.8万名新增患者提供医疗卫生服务。鉴于政府愿意把一栋大楼捐赠给卫生所使用，奥达基金会应该有能力确保筹集到卫生所成立和运营所需的资金。这个举措不仅解决了医疗卫生的燃眉之急，而且可以直接服务于基金会降低卡利科特地区人口死亡率的使命。

开第二家卫生所的反面陈述： 在路边开一家永久性的卫生所，将成为利用当地民众的支持和现有设施的一项战略性举措。但这个项目是奥达基金会为期一年的援助项目，之后仍然需要大量的资金投入。新增的患者有可能让每年的运营成本翻倍。对一家新成立不久的组织来说，这将带来巨大的财务挑战，其运营成本将会增加100%以上，即每年超过9万美元。然而，这些资金尚未落实。虽然这个项目能满足当前的需求，但它有可能对奥达基金会的社会声誉造成负面影响，因为该组织目前尚未做好筹集额外的资金、诊治预料之外的疾病以及应对新增患者等准备。

与政府开展合作的正面陈述：允许奥达基金会利用政府医疗卫生系统的 30 家卫生所，会让该组织利用强大的政府关系、现有的设施和资金，更快速、更有效地扩大自身的规模和影响力。人口统计数据显示，奥达基金会开展的医疗卫生教育活动有望直接惠及 5,500 多名妇女和女孩，把奥达基金会医疗服务的覆盖率提高 40%。尽管社区对政府现有的医疗卫生服务系统缺乏信任，但奥达基金会两年来的成功经验和在当地良好的社会声誉，降低了与政府合作给奥达基金会带来负面影响的可能性。“绝对”“相对”和“探索”阶段的研究中获得的相关证据表明，尼泊尔全国范围内存在的少数健康问题也存在于尼泊尔各地，比如营养和卫生问题。因此，尽管各地对卫生所服务的需求可能不尽相同，但是有理由相信奥达基金会可以在整个医疗卫生系统内推广医疗卫生教育活动。此外，奥达基金会成功地开展了一次小规模的医疗卫生教育倡议活动，重点关注儿童早期发育和女性健康。这项活动把女孩在学校的出勤率提高到了 70%。我们希望复制这种努力。奥达基金会通过打造自己的品牌，将成功地把自身与政府不良的社会声誉分离开来。

与政府开展合作的反面陈述：虽然允许奥达基金会使用政府现有的基础设施有利于我们向更多的人提供服务，但我们也将依靠政府不可靠和有问题的医疗卫生系统，并可能遇到因不熟悉奥达基金会的工作而持怀疑态度的社区。虽然奥达基金会已经数次成功开展了小规模的医疗卫生教育活动，但在新社区开展此类活动仍然有可能遭受冷遇。

正反分析练习促使约翰充分、客观地思考与政府合作扩大自身影响力这个待选方案的利与弊。这个练习评估了约翰对自己的关键概念的理解：

1. **奥达基金会有没有获得政府和当地社区的支持？**目前还不完全清楚当地社区是否支持奥达基金会的工作。某些地区尚没有开通电话服务，他必须亲自访问这些地方，才能确切地知道具体情况。

2. **执行力？**约翰认为，尽管当地的医疗卫生服务需求不尽相同，但奥达基金会可以开展单一的教育活动，以解决尼泊尔全国范围内存在的女性健康问题。

3. **财务效用？**约翰意识到，自己用不着迎合当地不同的医疗卫生服务需求，这让他相信每1美元的投入都会带来良好的效果。他估计开展一次医疗卫生教育活动将产生很大的效用。活动需要的演示材料可以立即着手准备，然后测试并运用到更广泛的社区活动中。

他从正反分析练习中得出的论点陈述如下：

正反分析练习让我考虑，奥达基金会是否真的能经营第二家卫生所，并成功地为更多的患者提供医疗卫生服务。至于与政府开展合作，该方法让我明确地了解了当地政府和民众支持的重要性，以及我们有别于政府的医疗卫生系统。这个问题将决定我们能否成功与政府开展合作。

为了找到更有针对性的新关键概念，约翰使用了下一节将介绍的练习方法——绘制思维导图，列出了与是否考虑继续开第二家卫生所相关的数据。通过使用 AREA 法，约翰的研究变得更专注，他也可领悟到自己可以自信地做什么样的决策。

☑ 绘制思维导图

我们的大脑大约有四分之三的感官资源用于视觉，剩下约四分之一的用于其他感知。根据双重编码理论（一种记忆理论，用于解释意象对大脑的影响），我们通常利用大脑的不同部分处理语言信息和视觉信息。换句话说，当我们使用语言文字时，我们对大脑的利用甚至还不到四分之一。

学习依靠的是大脑的左右两个半球——左半球负责语言、逻辑、顺序和分析，右半球控制视觉、情感、直觉、非线性分析、概括和综合能力。我要求我的学生做的创造性练习之一就是利用他们自己的视觉思维，具体做法是利用图片辅助自己去思考研究对象的关键概念。

把视觉思维转化到（虚拟的）纸张上就是绘制思维导图。它把语言和图片结合到一起，创造了思维的视觉记录，从字面上准确地揭示了“全景图”。它可以帮助你通过要求大脑翻译图片来思考复杂的问题。例如，下图是以我在世界银行的工作经历为例做的说明，目的是展示 AREA 法的可视化思维导图。

世界银行是能有效消除贫困的组织吗?

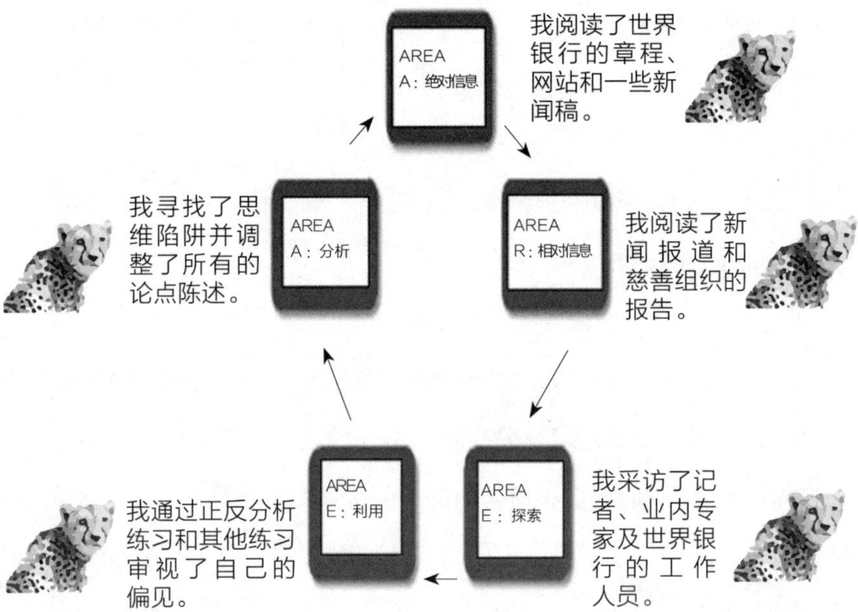

你可以登录 areamethod.com 网站查看关于 AREA 法思维导图的更多信息。

研究表明，80% 的人都是视觉型思考者，这个数据已被我们一直在使用的与视觉相关的暗示证实，比如“你明白我的意思吗”或“我明白了”。有趣的是很多人非常抵触这个练习。当我在课堂上介绍思维导图时，学生们经常避而远之，他们认为这样做很愚蠢，是一种退化。但是当他们完成练习后，他们经常评论说这让他们更有创造性，并且他们看着绘制的图片材料有助于重新审视自己的研究。

绘制思维导图没有固定的正确方法，但是它有很多好处，包括培养创造力、挑战你的想象力以及激发你与他人交流。所以，请考虑如何将与决策相关的研究视觉化地呈现出来。

猎豹清单 19：你是否绘制了调研的思维导图?

1. 你是如何展示决策的“全景图”和细节的?
2. 你能否将获取的新信息与地图、表格或曲线图等中的知识联系到一起呢?
3. 你能提出仍然需要你回答的问题吗?
4. 有许多网站和应用程序（App）都能把数据转化为可视化的内容，例如 Piktochart、Sushi、Status、Sway 等。

把思维导图记到你的 AREA 法记录中。约翰根据第一轮研究中收集的信息，估计奥达基金会现有的卫生所平均每天能为 65 名患者提供服务。奥达基金会的两名临床医生每天可以接待多达 70 名患者。所以，他很自信地认为，在路边新开的卫生所也能接待这么多的患者。他还预计，他能为在新卫生所工作的医生支付的工资比付给长期在奥达基金会工作的临床医生的工资低。约翰创建的思维导图（见下表）用来比较奥达基金会现有卫生所的运营成本与运营第二家卫生所的预计成本。虽然这是一种用图解形式视觉化呈现数量型数据的简单方法，但它清楚地说明了一个问题：在路边开卫生所的运营成本似乎非常高昂。

奥达基金会思维导图：在路边开卫生所运营成本预算表		
	奥达村现有卫生所	在路边开的卫生所
每天的患者人数（人）	40	65
医务人员（人）	2	2
每天的药品成本（美元）	87	142
医务人员每月工资成本（美元）	350	300
医务人员每天工资成本（美元）	15.22	13.04
每天平均成本（美元）	102	155
每月预算金额（美元）	2,356	3,559
每年预算金额（美元）	28,267	42,709

约翰还制作了关于修复政府承诺为奥达基金会提供的大楼的预计成本表。仅仅是翻新这栋大楼就需要约 7,000 美元，然后他还要为卫生所购置诊断设备——这又需要约 2,000 美元。通过视觉化地将信息组织在两个图表中，约翰立即发现了面临的问题：他需要筹集的资金几乎是奥达基金会目前年度预算总额的两倍，这真是一笔不小的投入。

现在回头来看，约翰原本已经考虑过翻新大楼需要的资金成本，正如他在整个研究过程的早期确定患者的数据一样。但是他并没有做。和约翰一样，我们都有跳过某个研究步骤的时候。这恰恰就是在“利用”阶段的研究中要求你重新审视关键概念的原因。正如你从约翰的思维导图中看到的，他做到这些真的非常重要。

由于意识到前期的成本投入高昂，约翰创建了第三张思维导图（见下图），以比较实施两种待选方案的前期成本投入。约翰意识到，与政府的医疗卫生系统开展合作需要的前期资金投入只占该项目全部投资的 20%，约 2,020 美元。这与在路边开卫生所形成了鲜明对比。后者需要的前期成本投入非常大，且超出了奥达基金会当前的预算。此外，第三张思维导图展示了奥达基金会为政府开展的医疗卫生教育活动提供大量实物捐助的能力。政府开展医疗卫生教育活动的成本占这个项目总成本的 43%。

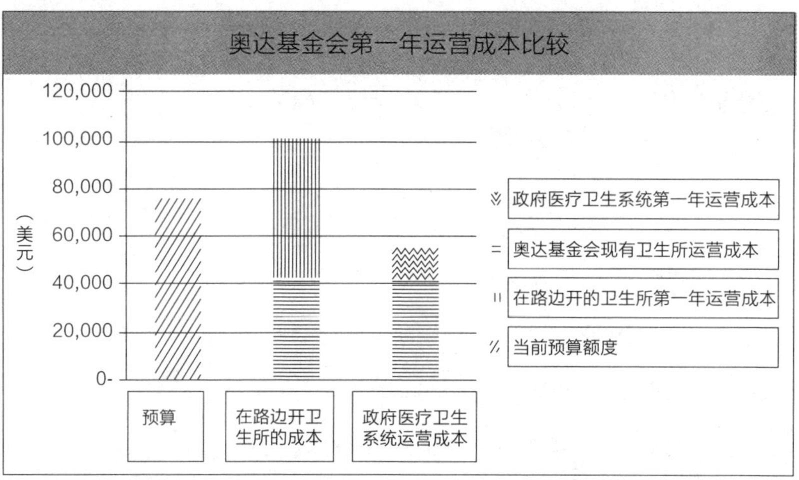

由于约翰非常倾向于开第二家卫生所，所以他回顾了自己在“探索”阶段的研究，并采访了距离他准备开的卫生所最近的一家医院的工作人员。他想要确定这家医院的患者中有多少人是来自计划开的卫生所所在地区的周边，有多少人愿意到新开的卫生所就诊。他希望看到佐证新开一家卫生所这个方案可行的数据。与此相反，“探索”阶段的研究表明，该医院每天接待的患者为 80 到 100 人。假如前来新诊所就诊的患者甚至达到了这家医院日均接待量的下限，奥达基金会也会不堪重负。

他绘制思维导图练习的论点陈述如下：

> 绘制思维导图的练习显示，奥达基金会必须把预算增加近一倍，才能满足新患者的需求。它清楚地显示了我们在财务上受的制约，这会在某种程度上让人质疑奥达基金会新开一家卫生所的可行性。

☑ 情境分析练习

情境分析练习是帮助你制定决策的另一种练习，用于在特定的一段时间后考虑可能的结果及其意义。这是一种评估风险的技术，它不试图展示未来的确切图景，而是有意识地展示几种可能会影响决策的未来发展趋势或关键因素。这些发展趋势或关键因素将会影响决策的制定，比如先前预测每年前来就诊的患者人数。它不是用于预测的工具，而是用于管理不确定性的工具。它与正反分析不同，正反分析的目的是探索两种视角并确保你理解它们，但情境分析的目的是了解能取得什么成果和涉及的风险。

这个练习要求你创建几个情境，以展示未来可能出现的结果，特别是积极情境、消极情境以及几种最有可能出现的情境结合（折中情境）。并不是创建的情境越多越好，情境太多会使分析变得模糊不清。我们的目标是设想和探索不同的前进道路。

好的情境分析不仅展示了可以观察到的、未来可能出现的结果的范围，而且展示了导致这个结果的发展路径。它并不需要依赖历史数据，也不期望以往的调查结果在将来是有效的，而是试图考虑可能与过去有关的事态发展及其转折点。

猎豹清单 20：你是否做了情境分析练习？

1. 积极情境：这种情境叙述可能会让决策进展顺利、水到渠成、结局完美，但是要求切合实际并且切实可行。你要一步步详尽地编排自己的叙述，以便从自己的决定中得到最佳结果。要不断地问自己：“接下来会发生什么？”同时抵制住诱惑，不要放弃描述“沿途的艰难险阻或旖旎风光”就直接跳到“故事”的结尾处。通过描述达成研究目标的各个步骤，你甚至能创造出更多可能会发生的情境。如果你不知道如何从 A 到达 B，说明 B 或许不像你想象的那样是现实存在的。

2. 消极情境：这是关于同一个问题的不同情境叙述方式。这次请试想决策出现了失误，或者出人意料的困难阻碍了决策进程，最终决策未能取得成功。这个情境叙述把决策的结局想象或描述得很糟糕。通过这种叙述，你可能会明白真正的挑战在何处，以及如何阐明自己的决策。
3. 折中情境：这种情境叙述方式是上述两种情境叙述方式的折中，即叙述既不完美也不糟糕的情境。这也许是一种平庸的结局，无功也无过。这样的情境叙述如何展开呢？同样，请尽可能多地为其添加细节。
4. 完成情境叙述后，请立即开始分析和评估：
   - 4.1 在上述三种情境中，哪种情境最容易设想？哪种情境让人感觉最真实？
   - 4.2 你插入每种情境的历史数据和见解是如何影响你对每个场景的判断的？
   - 4.3 现在，你认为什么是促成决策成功的关键因素？
   - 4.4 危险隐伏在何处？
   - 4.5 为了取得成功，应该展现什么？应该规避什么？

为了完成情境分析练习，想象你的研究决策的三个版本。

情境分析有可能会揭示你必须考虑和可能没有明确地表达的一些新因素，以及必须找到答案的问题。它不仅揭示了你为了成功决策可能需要做的关键选择，而且梳理了可能使结果出现偏差的重要转折点。它向你展示了你的决策将如何受到各种情境的影响。

以奥达基金会为例，约翰分别评估了积极情境、消极情境和折中情境，以考虑与政府的医疗卫生系统展开合作。具体情况如下：

积极情境

政府的医疗卫生系统将通过预防而不是治疗的方式解决医疗卫生问题。与奥达基金会的永久性设施相比，开展医疗卫生教育活动能积极主动地找到问题的根源，而不是提供暂时性的解决方案。通过教育妇女和女孩，奥达基金会发起的营养、卫生和儿童保健教育活动，可以减少学校女生的缺勤率，同时改善她们的体质。我们还可以收集其他健康护理方面的数据，这些数据将来会对奥达基金会的工作人员和当地政府改善健康护理服务的方法和最终结果很有价值。这种向预防保健的转变，将减轻奥达基金会和尼泊尔政府资源受到的长期压力。

消极情境

随着奥达基金会进入新社区开展工作，它在普通群众中的支持将会面临挑战。以前付出的努力是通过社区与奥达基金会之间的接触和对话取得成功的。这种对话在该组织希望提供医疗卫生服务的新社区尚不存在。通过与政府展开合作，这些新社区将把奥达基金会与脆弱的、职能失衡的政府联系到一起，而不是将其与有良好意愿的、透明的发展组织联系到一起。这可能会妨碍奥达基金会在医疗卫生教育方面的工作，限制其长期的社会影响力，并且会对奥达基金会的社会声誉造成不良影响。

折中情境

与政府的医疗卫生系统开展合作，不仅会给尼泊尔人民带来益处，还可以扩大奥达基金会对医疗卫生需求的影响和数据收集。根据奥达基金会之前取得的成功，针对幼儿营养和健康及青春期女孩的医疗卫生教育活动也将取得成功，并且基本不需要后续跟进。这个倡议将获得积极响应和支持，正如奥达基金会早期与奥达村的人们互动一样。虽然移动式医疗卫生服务不会取代直接提供持续的医疗卫生服务，但这些活动项目将成为奥达基金会非常有价值的规划工具，还能为卡利科特地区处于危险和边缘地带的人们提供医疗卫生资源。

约翰注意到，在这三种可能的结果中，与政府的医疗卫生系统开展合作存在一些真正的好处和缺点。尽管他无法消除与政府脆弱的医疗卫生系统联系在一起的风险，但可以创造性地思考如何降低这种风险。他在情境分析中得出的论点陈述阐述了这个观点：

与政府的医疗卫生系统开展合作虽然存在很大的负面效应，但也有一些真正的正面效应，例如扩大奥达基金会的影响力，改善基础医疗水平，提高基金会的知名度，还可以通过开展低成本、高回报的医疗卫生教育活动，在尼泊尔更广阔的地域收集关于医疗卫生需求的数据。鉴于这种结论，奥达基金会可以专注于拓展思路以降低与政府联系到一起带来的风险。奥达基金会可以采取几个步骤保护自身的声誉，比如确保做好沟通。我们在举办研讨会时要确保传达我们是独立的组织，并带上我们目前服务领域的知名人士的证明，以证明我们的医疗卫生服务的质量和影响力。

☑ 本章结论

约翰在“利用”阶段的研究，推动他思考自己的决策。相关的练习有助于他深度分析面临的挑战。约翰的竞争性替代假设练习揭示了三种他必须调查研究的假设。假如这些假设都不成立，会改变约翰成功执行该策略的状况。他做了竞争性替代假设练习，结果仅仅是“改变了游戏规则”。因此，他还完成了绘制思维导图练习和情境分析练习，这就将他的思考推向了更深层次——解决了他在竞争性替代假设练习中揭示的问题。

在下一章，也就是在 AREA 法最后一个研究阶段——“分析”阶段，你将把自己已经研究过的所有观点都带到会议室，并把它们一一摆在桌面上。这样你就能调和冲突，统一思考所有的关键数据和见解，并评估自己的信心，从而就自己的高风险决策得出最终结论。

第5章

整合信息要素：导出论点，写出报告

打破某种思维模式，比分裂原子还要困难。

——阿尔伯特 · 爱因斯坦

在古犹太人对《希伯来圣经》的评论性经书《米德拉什》中，记载了年轻的摩西接受考验以测试自己的理解能力的一则典故。摩西的继父法老非常喜爱摩西，当他亲吻和拥抱摩西时，摩西抓住了法老的王冠并将王冠戴在了自己的头上。这个举动让法老的巫师们忧心忡忡——摩西最终会夺取法老的王位吗？

法老的一名朝臣杰西罗辩驳说，摩西并没有意识到自己的行为，因此建议法老考验一下摩西：杰西罗把一块金子和一块烧得通红的煤块放在了摩西面前。如果摩西伸手拿金块，就说明他有理解能力，因此应该杀掉他；如果他拿了煤块，就说明他没有理解能力，因此应该让他活下来。摩西握住了炽热的煤块，手指烫伤了。

在你的 AREA 法研究过程的现阶段，你的角色既是摩西，又是法老的那位朝臣：此时你正在试图弄清楚自己是否有足够的认知能力。你是伸手拿金子，还是你最终的决策可能是“烫伤你的煤块”呢？到目前为止，你已经从各个渠道收集了数据，并评估了对数据的理解，现在你已经做好准备解释全部数据了。是的，你一直在通过许多论点陈述分析自己的发现。但是在“分析”阶段，你将确定自己收集的数据产生的是“金子”还是“煤块”。

在弄清楚数据的全部含义前，你第一步要做的是分析数据是否完整、准确以及是否可以引导你做决策。为做到这一点，本章将探讨可解决性和易错性：你是否很难完全确定自己的关键概念呢？你的研究工作有可能出错吗？当你确定了自己收集的数据能告诉自己什么和不能告诉自己什么，就可以运用“分析”阶段的研究方法调整你在 AREA 法全程中拟定的众多论点陈述，并自信地制定经过深思熟虑和充分研究的决策。

☑ 可解决性

到目前为止，你已经证实了自己的关键概念中哪些是比较重要且可知的，哪些不重要且不可知。是否有一些问题可能无法通过分析解决，或者可能无法预测呢？你可能想知道，为什么我们要在 AREA 法的这个阶段讨论可解决性这个问题，而不是在一开始就讨论。这是因为，重要的是要避免预先假设和判断什么是可解决的，以及什么数据和信息与你的决策有关。尽管很难确定是否存在“不可解决”的问题，但很多看似不可解决的问题其实都是可以解决的。

例如，比尔在“探索”阶段的研究中意识到，他和父母遇到的问题——为未来的每个突发事件制定规划——并不是他希望的那样可以解决。当比尔、莱斯特和苏珊娜实地走访了奥斯本养老院并与该院的销售经理当面交流后，他们对该院提供独立生活服务的高昂费用而感到惊愕，并对该院的硬件设施很失望。在网上看起来光鲜亮丽、崭新的设施，实地查看后却发现有点破旧和过时。尽管他们采访的入住者对奥斯本养老院有正面的积极评价，但对他们来说此刻并不是入住的好时机，或者说不是好的选择。苏珊娜和莱斯特的身体健康状况远比他们在该院看到的入住者的好。后来，苏珊娜说搬到那里住将“使我衰老得更快”。比尔意识到，尽管找到可提供连续护理服务的养老院似乎是解决他的父母随着年龄的增长而面临的问题的办法，但是对他们来说这并不是最佳的解决方案。现在还不清楚比尔的父母未来需要哪些护理服务。因此，他们不能真正确定自己是否正确地评估了该养老院设施的质量。

但是比尔和父母也意识到，他们不必购买奥斯本养老院的整套服务就能获得入住者享有的护理服务。他们之前决定做二选一的选择，而实际上可选择的余地很大。他们都赞同苏珊娜和莱斯特找一栋单层房，而不是考虑再搬一次家。他们开始探索另一个想法，即考虑寻找一栋有额外房间的房子，以便将来供护理人员居住。

此外，比尔意识到他和父母无法规划每个预案；他还意识到自己此前对决策的思考太狭隘，以致不能以自己希望的方式解决面临的问题。但是在他之前的这种考虑中也存在自己没有发现的解决方案。直到他开展了 AREA 法研究后，他才发现了这些解决方案。

没有系统的方法能够确定难题是否可以解决。在解决问题时，不同的人有不同的方式和技能。AREA 法“利用”阶段的练习可以帮助你以全新的视角审视信息。有时候，你必须确定自己判断关键因素的能力。你必须在未获得全部答案前继续推进研究，或者重新拟定自己的问题。

例如，很多进入大学的学生并不知道毕业后想做什么或能做什么。他们进入大学后没有具体目标，也不清楚如何实现目标。但是不清楚想学哪个专业，甚至不知道想从事哪个职业，并不意味着不应该上大学。

当约翰研究扩展奥达基金会的方案时，他最初感到无法确定将有多少患者到新诊所就诊。然而，当他绘制了思维导图后，他意识到自己匆匆忙忙完成了早期的工作。约翰通过花时间仔细回顾之前的研究阶段收集和分析数据的工作，对患者流量做了接近事实的估计。他并不需要准确的数据。这个接近事实的估计让他明白，在路边开卫生所这个待选方案并不可行。

一般来说，如果某个决策依赖于未来可能发生的不可预知的事件，那么有时候你可以使用之前使用过的方法确定一系列可能性。思考可解决性的最终目的是，避免把大量的时间浪费在自己永远也不能完全弄清楚的事情上。

例如，克劳迪娅可以评估自己在计算机程序设计专业或护理专业上所需的最小培训量。她可以计算初始阶段培训的时长和投入的成本。然而，克劳迪娅的研究清楚地表明，她必须事先掌握自己不具备的计算机程序设计知识。她并不知道哪种计算机程序设计工作最适合自己，而且这是专业性很强的培训，因此这就为她进入该行业设置了障碍。此外，计算机程序设计领域似乎在不断变化。计算机程序设计行业的确有明显的发展前景，但也有一定的不稳定性和不确定性，这让克劳迪娅无所适从。

在护理行业，每个人接受的培训几乎是相同的。克劳迪娅作为一名学生可以更容易地探索自己的选择，不必中断某些研究路径。此外，尽管未来护理行业会变化，但她接受的护理学基础教育仍然能派上用场，而在某种程度上，特定的计算机程序设计语言也许会变得毫无用处。

尽管如此，某些计算机培训课程还是可以让学员尽快上岗，这比长达 18 个月的护理专业培训快得多。所以，在最终的分析中，克劳迪娅决定接受由 Girl Develop It[1] 免费提供的为期 8 个小时的计算机在线培训课

[1] Girl Develop It 是美国一家致力于帮助女性进入计算机程序设计行业的非营利性组织。——译者注

程。这让她深信护理行业更适合自己；护理行业是更明朗、更稳定的职业道路。她把计算机程序设计专业放在了“非常不确定”的分类中，并专注于研究护理专业。

也就是说，生活中做很多事情都是信念的飞跃，你必须确定做这些事情带来的奖励是否值得你冒险。尽管约翰没有医疗卫生专业的背景，但他开第一家卫生所的决策就是放手一搏的举动。对约翰来说，这种信念的飞跃带来的不仅是成功，还有成就感和很多机遇，更是对人们生活的改变。仅仅因为你无法准确地预测某种行为会产生怎样的后果，并不意味着不值得去尝试——当然更不意味着不应该去尝试。

☑ 易错性

在第 4 章，我们深入探讨了如何避免走思维捷径。除了这一点，你还可能在研究中遇到哪些思维缺陷呢？你是在分析中犯了错误，还是收集数据失败了呢？发现错误不仅有可能给自己提供具体而详细的解决方案，还可以增进自己的认识。

例如，统计分析和从数据中得出结论通常是两种不同的能力。统计数据往往会出错，研究样本量不当之类的问题可能会掩盖事实。为了防止此类问题发生，请思考以下观点：

猎豹清单 21：为确保数据正确，你采取了什么必要措施？

1. 关于“三”的原则：你的数据是否来自至少三个不同的信息源？通过从三个不相关的数据源收集信息，你可以更确信信息的合理性。请留意群体思维。当你搜寻联系人时，如果三个联系人彼此之间关系太密切或者依赖相同的数据集，那么仅仅有这三个信息源是不够的。例如，在奥斯本养老院，比尔安排采访了一位编制内的护士、一对入住的夫妇以及一位理疗专家。他并不想单纯地听该养老院销售经理的意见，而是希望了解该养老院内部人士的亲身体验。
2. 基本比率：我们往往倾向于忽视基本比率。基本比率指的是发生某件事潜在的百分比或实际发生某件事的可能性。这种倾向会导致你做出糟糕的决策。例如，尽管中一等奖的概率非常小，但每天仍然有数百万人购买乐透彩，这都是媒体对中一等奖的人的相关报道导致的——赔的概率除外——这种报道比中奖更引人注目、更令人难忘。尽管其中奖率很低，但乐透彩仍然是最成功的商业博彩形式之一。这是因为我们过度依赖令人难忘的事件，而不是基本比率。我们往往倾向于高估自己击败基本比率的能力。

   迈卡运用了 AREA 法的研究流程而未受这种倾向的负面影响。迈卡不像与他同龄的很多年轻人那样，他注意到了这些基本比率。这就是为什么他选择了名气稍逊的大学：他知道自己作为一名预科生，基本比率对自己不利，因为几乎 80% 的预科生没有完成课程的学习。他想尽可能多地获得完成医学预科课程的机会。

3. 数据试探：从一个数据集获得的发现并不能直接运用到另一个数据集。尽管分析数据的形式以及数据与数据间的关系很有用，但要避免从一个数据集中获取的信息比这个数据集实际包含的信息更多。例如，研究明尼苏达州天气的模式，并不一定适用于得克萨斯州。对克劳迪娅来说，研究全美国计算机程序设计专业的就业率，并没有研究某个地方该专业的就业率那么重要。她知道自己不会搬家，所以她只关心纽约市发生的事情。
4. 同等对比：检查该如何选择数据。确保你了解某项研究是如何设计和实施的。例如，《美国新闻与世界报道》上约翰·霍普金斯大学的排名给迈卡留下了很深的印象，直到他了解到这个排名在一定程度上是基于校友的捐赠情况和教授薪资的数据——而这些数据不会影响他的大学生活。

此外，凭空汇报数据也可能导致错误。四年级的毕业率为 85%，这个数据本身没有多大意义。这个比率是高还是低呢？它代表的是提高还是下降？需要把数据放在具体的背景中评估。

☑ 在决策开始前预先检验

预先检验是评估潜在缺陷和错误的一种实用工具。在医学上，为了让医学专家和患者的家人了解导致患者死亡的原因，常常会用尸检这种方法。预先检验与尸检正好相反。社会上流传着这样一则笑话：通过尸检，各方均会受益，当然，死者除外。

相比之下，预先检验是在做决策之前而非之后。所以，它可以完善决策过程，而非在决策后再剖析。在一般的批评会议中，项目组的成员需要回答项目出了什么问题。预先检验则与此不同，它是基于“患者已经死亡”的假设，所以它要回答为什么会出这些问题。预先检验的任务是为你的研究失败找到合理的解释。

据宾夕法尼亚大学沃顿商学院、康奈尔大学及科罗拉多大学研究人员研究，前瞻性预测，即想象某件事已经发生了，可以让人们正确地辨别未来出现某个结果的原因的能力提升30%之多。即使你已经做了决定，这个练习也可以让你更敏锐地捕捉到问题的早期征兆。例如，迈卡知道匹兹堡大学的医学预科专业没有约翰·霍普金斯大学的医学预科专业出名。所以，为了实现学医的雄心壮志，他在进校园前，就清楚自己想更深入地探索上匹兹堡大学将会如何“失败”。随后，他就可以提前克服这些缺陷，并有望防止它们。

预先检验一开始，你要想象自己的决策并没有获得预期的结果。在你的 AREA 法研究记录上记下你认为导致失败的所有原因，包括并不显而易见的原因或看似概率较小的原因。

针对与政府合作开展医疗卫生教育活动，约翰做了一次预先检验。奥达基金会此前曾经成功地开展过这项活动，教育女孩子如何应对经期，这样她们就在经期不必休学。他指出，如果奥达基金会不与社区合作，或者得不到社区支持，奥达基金会之前所有的努力可能会失败。他还意识到，如果奥达基金会与政府开展有效的合作，他就必须知道学校学生出勤率的记录，这样才能评估开展教育活动的影响；如果他不相信学校的出勤数据，也不了解该数据哪里有缺陷或哪里打了折扣，奥达基金会的教育活动可能会以失败告终。

约翰选择预先检验这两个问题。接着，他制订了计划，以防止出现这些失败。首先，他决定奥达基金会将与少数几家卫生所合作，开展教育活动和数据收集工作。最初合作的这些卫生所将作为奥达基金会的“试验场”。

其次，他决定奥达基金会将在每个社区中确定可以担任特派专员的人，他们对外代表奥达基金会。这些人可以向奥达基金会提出谁将被邀请参加教育培训研讨会的建议，以及确保关键人物出席培训活动并把奥达基金会介绍给当地学校的校长。反过来，这会帮助约翰消除自己对贫乏或有缺陷的数据理解不足的担忧。通过认识学校的校长，约翰可以向校长询问学生出勤的记录、记录的保存情况以及确保自己更准确地研究参加了奥达基金会教育培训的女孩们的出勤率是否提高。

在做预先检验时，只考虑导致失败的一种原因可能并不够。你务必考虑所有困扰自己的关键概念，这样才能更全面地认识潜在的缺陷。

猎豹清单 22：你是否预先检验了收集的数据和信息？

1. 是什么导致了决策失败？
2. 如果导致决策失败的一起或数起事件发生了，你将采取什么行动呢？
3. 在什么节点上，你需要重新评估这个决策？

写下所有可能性后，你要寻找方法强化在需要这种可能性的领域的研究。

在你的 AREA 法研究记录上记下自己的答案。这样当企业的使命发生变化时你不会成为牺牲品，或者在这种情况发生时你可以规避不利情况出现。

☑ 审核你的问题清单

诺贝尔经济学奖得主、心理学家丹尼尔·卡尼曼在其著作《思考，快与慢》中说：“人类在对复杂信息做简单判断时，前后矛盾的现象早已经根深蒂固。”审核清单是一种简单、技术含量低的工具，可以帮助你避免做出糟糕的决策。

尽管本书中前后贯穿了“猎豹清单”这种形式的审核清单，但现在是问你是否真正遵循了 AREA 法的时候了。请你审视自己的研究。你做“绝对”阶段的研究了吗？做“相对”阶段的研究了吗？有没有做“探索”阶段的采访？你审视过自己的想法吗？

但是这并不是唯一有用的审核清单。在这个节点上要做的另一个清单是行动规划清单。正如医生、作家阿图·葛文德在《清单革命》[1] 一书中说的：“审核清单似乎可以保护任何人，甚至可以保护经验丰富的人，使他们在比我们了解到的更多任务中免于失败。它们提供了一个认知系统，能捕捉我们固有的思维缺陷——记忆力、注意力以及严谨性等方面的缺陷。”

审核清单已经被应用于航空业，以减少空难的发生；被运用到了建筑业，确保复杂建筑项目按计划开展；在过去的 10 年间，它被内科急救专家和急救室医生应用到心脏病的治疗上，使心脏病导致的死亡率降低了约 38%；还运用到其他很多领域。世界卫生组织开发了一种外科手术安全核验单，并被全世界的很多医院采用。

需要的所有审核清单都有一个共同点：从设计上讲，它们都是可以重复使用和容易被理解的。避免犯你尚不知道的错误非常困难，但是可以通过审核清单避免犯你知道的错误。

---

[1] 中文版《清单革命》，阿图·葛文德著，王佳艺译，浙江人民出版社，2012 年。——译者注

对约翰来说，他的预先检验说明，如果他无法获得社区足够多的支持，他的医疗教育培训可能会失败。他拟订了一套完整的行动计划，安排基层领导担任他的慈善组织的特派专员。他还确定了与当地卫生所的工作人员和学校校长联系的具体方式。他的审核清单简单易用，他的团队在访问的每一家卫生所都能完成清单的填写。这样约翰就可以将这项工作分派给下属去做，但是他知道联系重要的社区必须以统一的方式进行。审核清单还可以用于记录与当地社区之间的关系。

做审核清单是两种核验的暂停点：一种是审核之前的工作，另一种是审核之后的工作。

☑ 归根结底：调整论点陈述并使其一致

现在，你已经评估了关键概念的可解决性，以及研究流程和数据的易错性，现在就要做好利用下一个“猎豹清单”暂停的准备。

你的论点陈述已经为你提供了完成各阶段研究工作的清晰路标，并为你下一步的工作指明了方向。它们还为你提供了记录你工作流程的方法，以便你在向前推进研究工作时可以回顾自己的想法。现在是时候再次暂停，把它们整合在一起作为学习和教学的工具了。

思考作为学习和教学工具的论点陈述，回顾我在序章中探讨过的流程和内容。内容为流程提供了实质性的材料，但它也来源于流程。好的流程可以带来好的内容。你的论点陈述应该包含以下组成部分。

猎豹清单 23：你是否详细鉴定了论点陈述（一）？

你的论点要包含下列内容：

1. 研究发现：案例事实、数据和实证结果。
2. 解释：你对研究发现的解释和说明。
3. 判断：你对自己的研究发现和解释的价值有怎样的看法。
4. 建议：你建议的行动方案。

为了方便把论点陈述放在一起鉴定，你要把它们紧挨着写在自己的 AREA 法记录上。这么多论点陈述互相匹配，应当能为你研究复杂问题提供框架。这些论点陈述都一致吗？它们是和谐统一的，还是存在分歧？它们能否推进你的研究工作，并使你最终做出高风险决策呢？

回答这些问题，能为你客观地审视收集的数据铺平道路。通过回答问题，你不仅再次考虑了自己对信息的分析，而且考虑了自己审视的信息源的观点。总之，你的论点陈述是建议你回顾之前的研究并重新思考关键概念吗？或者你已经做好准备自信地制定决策呢？

猎豹清单 24：你是否详细鉴定了论点陈述（二）？

1. 这些论点陈述是否涉及你的关键概念？
2. 这些论点陈述在多大程度上代表了你已经学习、了解、评估过的信息以及你总结的关键概念？如果无法体现这些内容，你就要重新审视并拟定论点陈述，直到它们具体、真实和可操作。
3. 这些论点陈述是否有分歧呢？如果存在尚未解决的分歧，就值得你重新审视和探讨有分歧的地方。
4. 论点陈述中是否清晰地记录了每个信息提供者的动机、考虑的问题和激励他的因素呢？你了解信息提供者表达每个问题时存在的偏见吗？如果不了解，可能就需要你重新审视来自那个信息源的信息。

下面是约翰总结的众多论点陈述。这些论点陈述促使他通过与政府的医疗卫生系统合作，以扩张奥达基金会的服务规模。关于奥达基金会扩张服务规模的三个待选方案的完整论点陈述，请参见本书末的附录。

1.AREA 法**“绝对”阶段：**政府脆弱的医疗卫生系统需要外界的辅助。人口统计数据表明，我们可以向很多人提供服务，但我们的影响力可能会受到偶然因素的限制。也就是说，我们将成为“旅行医生”，每次访问一家卫生所只能停留几天时间。

2.AREA 法“相对”阶段：政府的医疗卫生系统很脆弱，还受到因其医疗卫生机构的工作人员缺勤而导致社会声誉不佳等问题困扰。我们意识到，我们并不想与政府过于紧密地合作，这促使我把思考方向转移至开展医疗卫生教育培训活动上，而不是直接提供医疗卫生护理或培训服务。我还了解到，研究表明，旅行医生的工作并不总是有效，因为他们只能在一段时间内为病人治疗，然后就必须离开，因此会导致对患者的护理无法连续。这使我再次审视了自己的待选方案，并且开始考虑开展预防性护理而非保守疗法治疗。具体来说，我查看了各项医疗卫生教育活动的信息，还发现了国际红十字会的一篇文章。我重点关注了在拉丁美洲和非洲发展中国家成功开展了医疗卫生教育培训活动的其他卫生组织。我从中发现了与自己的慈善组织的很多相似之处。这给了我希望，使我意识到我们可以继续与政府现有的医疗卫生系统开展合作。

3.AREA 法“探索”阶段：我们已经证实，政府的确有意与我们开展合作，但政府现有的医疗卫生系统存在问题，并且当地主管医疗卫生的官员不清楚政府的全部 30 家卫生机构的具体情况。“探索”阶段的研究证实和扩大了我在“相对”阶段的研究。我能证实，比我们更成熟的慈善机构已经成功开展了医疗卫生教育活动。我采访了其中的几家慈善机构并探讨了评估的标准，然后锁定了一些可以供应药品和医疗卫生器材的慈善机构。这些机构或许会向我们开展的关注妇女和女孩的教育活动捐赠物资。

4.AREA 法**“利用”阶段**：竞争性替代假设练习确实缩减了我的关键概念，并促使我回顾此前完成的“绝对”“相对”和“探索”阶段的研究；正反分析练习和情境分析练习进一步阐明了该如何分析新数据；绘制思维导图练习清楚地表明奥达基金会在财务上没有能力运营新卫生所，因此我放弃了这个选择。

5.AREA 法**“分析”阶段**：预先检验促使我思考一个问题：如果我们无法获得社区的支持，或者我们无法收集完整的数据，奥达基金会与政府的合作可能会失败。这使我开始考虑通过创造性的方法解决社区支持的问题。我拟订了行动计划，找到在当地有影响力的人物，让他们向当地的人们解释我们的工作，他们还可以作为我们在各社区卫生所的特派人员。社区的基层领导人不仅会帮助我们招聘从我们开展的女性卫生教育活动中获益的女性，还会把我们介绍给当地学校的校长。这些学校的校长反过来会帮助奥达基金会了解居住在每个卫生所附近的女生在学校出勤率的数据，以帮助我们在发现数据中的问题之前将问题排除。

上述论点陈述共同为约翰的AREA法研究展示了被精简的研究路径，

不仅给他提供了各阶段研究的要点，而且为他分析信息、得出结论及开展下一步研究指明了方向。他的论点陈述读起来就像是故事——他无须阅读故事的结尾，就已经相信了。你知道接下来会发生什么：他会制定自己的最终决策。

以下是约翰最后的论点陈述，这个论点陈述解释了他的工作、如何成功执行该决策过程以及评估为什么能被成功执行。

约翰的论点陈述

在接下来的 8 到 12 个月内，奥达基金会将接受政府的提议，利用政府现有的医疗卫生系统，宣传为妇女和女孩举办的一场关注女性卫生和营养健康教育的地区性活动。这个计划有望降低学校中青春期女孩缺勤率以及改善儿童发育不良的状况。这个计划将通过后期跟踪调查学校中女孩的出勤率和新生儿体重的变化衡量其影响。利用政府医疗卫生系统会产生的任何问题，将通过这些措施缓解：在每个社区建立一家政府的诊所；确定地方特派专员，确保获得当地社区支持成功实施这个计划，并有效跟踪我们的教育活动。教育活动将惠及约 5,500 人，并使奥达基金会每年影响的人比开展活动前增加 50% 以上。此外，开展教育活动期间将额外诊治约 1,000 人，这将让奥达基金会具备持续增强其直接向患者提供医疗卫生服务的能力。

这个论点陈述包含了整个研究过程的四个方面：约翰的发现、解释、判断及建议。这个论点建立在他前期工作的基础上。他在思考自己可能犯了哪些错误及预先检验的过程中，已经证实了这个论点陈述。

然而，对约翰来说，这个最终的论点陈述及他为了得出这个论点陈述而做的 AREA 法研究，产生了另一个意想不到且令人欣喜的效果：约翰更清晰地阐述了奥达基金会的目标和自己的研究流程，并且奥达基金会获得了更多捐赠者的支持。所以，当约翰完成 AREA 法研究时，现有和新增的捐赠者已经支付了开展该项目的所有费用。

更广泛地说，通过使用 AREA 法支撑的数据，奥达基金会在 2015 年前 8 个月内筹集了超过 187,690 美元现金和一些实物捐赠，这几乎是 2014 年奥达基金会筹集总金额的两倍。换言之，当约翰决定与政府开展合作时，他已经有了实施这个计划所需的全部资金。

他已经找到了新增的捐赠者并联系了他们（这是他“探索”阶段研究工作的一部分）。“他们对我们的使命、我的工作重点、我的研究及我的勤奋非常欣赏。”约翰说，“这让我筹集到了比以往更多的资金，而且筹集资金的速度更快。”

当约翰开始 AREA 法研究时，他几乎可以肯定自己要开第二家卫生所。但是他想找到一些证据证明这个决策，他还需要找到筹集资金的途径。在“利用”阶段，他发现开第二家诊所在财务上并不可行，很有可能会导致自己的慈善机构破产。所以，他回顾了与政府开展合作而做的“绝对”“相对”和“探索”阶段的研究。这引导他回到了自己原先的计划和核心兴趣上：让孩子们尤其是女孩们可以到学校上学。

对希望成立慈善机构以帮助孩子们留在学校，后来转而提供医疗卫生服务的人来说，约翰的AREA法研究引导他们走完了一个完整的循环。因此，这位建立奥达基金会以提高女生出勤率的人，却出人意料地走向了开展规模和影响力更大的医疗卫生教育活动，这能让更多的孩子留在学校。通过审视数据，他看到了很多美国年轻人可能从来没有发现或思考过的问题，他做到了。接着，他更深入了一步：他解决了这个问题，每月给女孩们提供了她们需要的知识和卫生用品。他改变了女孩们的成长轨迹和她们所在社区的未来。

利用 AREA 法研究每个项目，并非都可以获得“圆满的结局”。但是通过遵循 AREA 法，我相信你也能更好地表达自己的研究流程，并走上成功的道路。通过在研究中自信地做深思熟虑的决策，你将能以与他人产生共鸣的方式清楚地阐明自己“制定了什么决策”“为什么要制定这样的决策”和“如何制定决策”等问题。你将以生动且引人注目的方式记下决策背后的思考过程和成功的路线图。

结论

出色的决策源于严谨的决策过程

大多数思维上的错误都归因于感知的不足，而非逻辑上的错误。

——爱德华 · 德 · 博诺

2013 年的最后一天，我和我 12 岁的孩子去了纽约市现代艺术博物馆观看勒内 · 马格利特的个人画展。画展取名为“平凡中的奥秘”，它是围绕这样的概念组织的：我们无法真正看到自己面前的事物，原因之一是我们无法轻易摆脱自己以往的经验。这些经验有效地“填满”了我们的现在并影响了我们的未来。

马格利特的绘画作品一贯致力于反映语言、思维和现实之间的相互关系。尽管他的画风有高度现实性，却有意颠覆现实——颠覆我们对自己的认知和对外部世界的体验。因此，他的绘画就像我们无意中做的那样：移位、变换、误称以及歪曲图像和信息。马格利特提醒我们，我们总是在半清醒的状态下活动。

例如，在他的画作《宫殿帷幕》中，马格利特为我们呈现了两幅包含单词“ciel”（法语词汇，意为“天空”）和“蓝天”的画。奇怪的是单词和图均代表了“真实的事物”。在这两者中，一个以形似为特点，另一个则以有创意但主观的联想为特色。换言之，马格利特认为，体验“真实事物”的方法有很多种。

世界上几乎没有绝对的事物，但有很多“真实的事物”——这就是我创建 AREA 法的原因之一：通过管控我们的认知缺陷，为我们提供穿越灰色地带的方法。

但是，即使我们提高对思维捷径的认识，并通过研究工作预防它，我们也不足以制定高风险决策。所以，AREA 法能解决的问题很多：它可以使你的工作为你服务，使收集和分析数据的流程更有效，更容易管控和评估，更有相关性和可靠性，最重要的是还可以使这个流程重复进行。

尽管研究需要各种想法，但仅仅有想法还不够。拥有好想法与如何利用这些想法做出好决策之间还存在着很大的差距。对本书中叙述的每个人来说，AREA 法并没有帮助他们确定各自的目标，但帮助他们实现了目标。

投资于创意很容易，但是要想制定出色的决策，你必须审视这些创意，排除不成熟的想法，并用一种方法建立信念和维持信念，因为要想看到决策带来的影响还需要一段时间。

历史上，糟糕的工作流程毁掉好创意的例子比比皆是。我们以 PARC 为例。PARC 即帕洛阿尔托研究中心（Palo Alto Research Center），隶属于 20 世纪 70 年代最成功的公司之一——施乐。当时，PARC 的工程师的绝妙创新想法奠定了我们今天使用的很多颠覆性技术的基础，包括激光打印机、以太网、现代个人计算机，以及推动了微软公司和苹果公司兴起的操作系统。问题是施乐公司将这些技术商业化以实现 PARC 价值的速度太慢。

当时，施乐公司并未确定自己的关键概念——PARC 的目标。该公司并没有清晰地认识 PARC 成功的前景，也没有意识到它是公司不可或缺的一部分。

施乐公司将 PARC 视为从事开放式研发的机构，并将自身定位为一家生产复印设备的公司。该公司的前景是短期的，而 PARC 是纯研究型机构，其前景则是长期的。这是错位激励的典型案例。然而，假如当时该公司明确关注了 PARC 的研究发现，坚信 PARC 可以通过向其提供创新的产品，推动公司走向成功，最后就不会以失败告终。

PARC 的研究发现原本可以“改变公司的命运”，但是施乐公司缺乏正确的方法利用 PARC 提出的绝佳创意。正如 1996 年史蒂夫·乔布斯在一次演讲中说的:“施乐公司原本可以控制整个计算机行业……本应成为 90 年代的 IBM……本应成为 90 年代的微软。”

PARC 是极好的反面例子。但是如果你能按流程很好地利用一种方法，不仅会引导自己有逻辑地思考，获得创新性洞察力，并获得让自己有信心根据自己的想法采取行动的优势，而且更重要的是可以防止自己犯错。约翰认为，假如他没有采用 AREA 法做调研，他就会继续开第二家卫生所，这可能会导致他的慈善机构破产。

我认为，AREA 法是一个可以让你利用自己想法的流程。在正确的框架下——制定正确决策的方法（正确的决策流程），你就可以把好想法转化为伟大的决策。

在哥伦比亚大学新闻学院和商学院的教学及咨询工作中，我遇到了不同背景和不同目标的人。在高级投资研究学习班上，我让我的一些学生专注于做对冲基金分析工作。在说服力培训课程上，我遇到了商学院各种各样的学生。在新闻学院，我教的学生对新闻学的各个领域都很感兴趣，其中一些学生根本就没有金融背景。在我的咨询实践中，我曾经向营利性公司和非营利性组织提供过咨询。这些经历的共同纽带是什么呢？答案是好的研究流程可以改进所有人的工作，也包括我自己的工作。

这就是严谨的研究流程的美妙之处。它可以让你发现自己过去的偏见和匆忙判断的倾向。它会让你用心过自己的生活，增强你的自我意识、同理心和理解能力。它可以为你提供证据和信心，让你追随自己的内心，就像克劳迪娅和比尔那样，发现看似容易选择走的路径，其实并不容易走，抑或像迈卡和约翰那样，做一些意想不到的事情。

约翰一开始本可以做看似正确的决策——这可能会导致他的慈善机构破产。但是，他遵循了研究流程，这个流程给他指明了可帮助他制定出色决策的一条不同的道路。迈卡透过学校的喧嚣思考自己的研究对象以及想要实现的预期目标，并发现了可以让自己以更好的方式达到目标的不同道路。

这个流程还能让你成为生活中的专家。是的，当时迈卡本可以聘请一位咨询师帮助自己。克劳迪娅也可以与一位人生导师一起规划自己的职业。实际上他们不需要专家，因为他们二人已经成了“专家”，可以自己研究并制定重要的个人决策。

从本质上讲，严谨的研究流程是一种公平的工具，可以让每个人成为生活中的真正专家。即便你没有遵循 AREA 法的整个流程，而是根据自己的决策和时间限制有选择性地挑选其中的一些研究步骤，AREA 法也会发挥作用，而且，它还是你锻炼出来的一种能力和习惯。它可以成为你看待这个世界的思维架构的一部分。

所以，尽管本书的核心是探讨决策的制定，是关于掌握和利用简单的流程开展调查研究的，但从本质上讲，它渴求的是我们在工作中做一些合乎逻辑的事情，而这些事情本质上是非常宏伟的。也许正如马格里特暗指的，试图掌握任何事物都是不切实际的。但是，如果说有什么是我们可以掌握的，那就是我们的选择。所以，本书及 AREA 法将帮助我们努力做一些我们想做的事情：弄清楚我们在世界上的位置，理解我们能做什么，以及坚定、自信地向前迈进。

附录一　AREA 法和关键概念

☑ 约翰

约翰·克里斯托弗是奥达基金会的创始人。该基金会是一家慈善机构，致力于向尼泊尔地区的人们提供基础医疗卫生服务。尼泊尔发生大地震时，他正在思考扩大自己的慈善机构的规模。这次大地震为奥达基金会带来了机遇，它有望成为来到尼泊尔的国际救援组织在该国寻求的首选合作方。这样他就能在尼泊尔人民有需求时帮助他们。

把他的卫生所改造成更有用的医疗卫生服务提供者的最佳方式是什么呢？尼泊尔当前的状况早已与两年前他在该国工作时完全不同了。如何才能尽自己最大的能力满足该国目前的医疗卫生需求呢？

他列出了三种不同的路径：在主干道旁新开一家卫生所，以扩大他的乡村卫生所的规模，这样他的雇员就可以在新开的卫生所向更多的患者提供服务；接受尼泊尔政府的提议，与政府现有的医疗卫生机构展开合作，扩大政府救治和护理服务覆盖的范围；投资无人机，以便空投和递送医疗物资。

最初，约翰有一个关键概念：通过找出最佳的扩张路径，最大限度地扩大他的组织对尼泊尔人民健康状况的影响。

他开始了“绝对”阶段的数据收集工作。在这个阶段的工作结束时，他搞清楚并找到了自己的关键概念：他必须了解尼泊尔政府和当地社区是否支持他的每个待选方案；他必须了解涉及的成本是多少，以及各个待选方案将给卡利科特地区的医疗卫生现状带来怎样的影响；他还必须弄清楚每个待选方案是否符合奥达基金会的核心竞争力。

当约翰开展“相对”和“探索”阶段的研究时，他排除了购买无人机这个待选方案，因为尼泊尔缺乏购买无人机必需的技术和基础设施。约翰还通过研究把关键概念缩减至三个：第一，奥达基金会能否获得尼泊尔政府和当地社区的支持？第二，奥达基金会是否有能力在两个待选方案中取得成功？第三，在财务上，每个待选方案是否可行？他能做到尽最大可能利用好自己的慈善机构的资金吗？

在整个研究过程中，约翰不断发现，有数据表明与政府合作将是不明智的。然而，在按照 AREA 法的步骤做了研究后，约翰完全了解了新开一家卫生所及与政府开展合作的风险。

尽管开第二家卫生所利用了奥达基金会的核心竞争力，但这个选择有可能让该慈善机构破产。新开卫生所不仅需要很大的前期资金投入修复和改造那栋大楼，而且没有好方法限制患者数并确保不超出奥达基金会承担治疗成本的能力。尽管这个待选方案满足了约翰的第一个关键概念，但没有满足他的第二个关键概念——提供高品质的护理服务；也没有满足他的第三个关键概念——经济效益。所以，不宜选择这个方案。

意识到开第二家卫生所存在风险后，约翰开始专注于寻找与政府开展合作的途径，同时努力解决政府医疗卫生服务声誉不佳的问题。通过开展医疗卫生教育活动，奥达基金会可以保持自身独立并复制先前成功举办医疗卫生教育活动的模式。这给了约翰信心，他相信自己的决策可以获得成功。最终，他意识到与政府合作符合自己的全部关键概念。这是他最好的选择。

☑ 迈卡

迈卡是一位高中毕业生，他要在两个不同的入学方案中做选择：没有奖学金的约翰·霍普金斯大学和提供全额奖学金的匹兹堡大学。他只有几周的时间做这项决定。迈卡知道自己想学医并且已经用了一个夏天的时间在一家医学实验室做研究。他对医学研究尤其感兴趣，设想在医学院毕业和实习结束后，自己可以找到研究员职位或者接受再培训。

起初，迈卡将决策重点放在弄清楚这两所待选大学中哪所大学可以让他进入“最好”的医学院。但是当他开始了解学习医学预科专业这个途径后，他改变了自己的关键概念。迈卡期望进入医学院，却发现收集的数据对他不利：在约翰·霍普金斯大学和匹兹堡大学，公开宣称对医学预科专业感兴趣的新生中只有约 20% 的人实际申请了进入医学院学习。

掌握这个信息后，迈卡明白了自己需要确定的关键问题并不是哪个大学的本科预科能让自己进入最好的医学院，而是哪个方案能帮助自己成功完成本科预科专业严苛的学习。他希望获得最佳的机会克服困难，完成医学预科课程的学习。

他意识到无法以自己希望的那样解决问题。鉴于绝大多数学生都以各种理由放弃了学习医学预科课程，迈卡意识到必须重新制定自己的决策。他通过研究自己要专注于解决什么问题意识到，自己的关键概念并非上哪所大学，而是弄清楚哪所大学可以为自己提供本科阶段从事研究的机会，哪所大学的管理体系能积极地支持自己的医学预科学习，以及哪所大学有最好的学习体验。这种学习体验可以引导他完成医学预科课程的学习，并成功申请进入医学院。

☑ 比尔

比尔想要帮助年迈的父母从自己目前居住的家里搬到更好的生活环境中。他不确定父母是否应该把这个问题分为两个步骤解决：首先搬进没有楼梯的房子，然后搬到护理机构或养老院。或者他是否应该为二老找一家可以提供连续护理服务的养老院。

起初，比尔的关键概念是确定养老院能否提供连续护理服务，并且该养老院要位于父母现在居住地 16.1 千米以内。很多养老院提供的护理服务可谓华而不实：安排了紧凑且多样化的社交活动日程、讲解在纽约市居住的诀窍、提供各类就餐选择等。但是比尔知道，对他的父母来说，这些服务项目并不重要，重要的是维持父母现有的交际圈和医疗服务。

当比尔深入研究了位于威斯切斯特辖区、可提供连续护理服务的养老院后，他意识到 16.1 千米的距离听起来可能很近，但在威斯切斯特却是一段很遥远的路程。为了维持父母现在的交际圈和医疗服务关系，比尔的父母只能在地理范围很小的区域内寻找养老院。

在快速浏览了网站后，比尔进一步提炼了自己的关键概念，明确阐述了必须保留父母目前的医疗护理提供者，并且让他们在一个特意为老年人准备的地方维持独立生活。

在“探索”阶段的研究中，比尔意识到他和父母面临的问题——为将来的每一个预案做的规划并非像他期望的那样可以实现。尽管他希望找到长期的解决方案，但他的父母真的没有必要为了满足自己不断变化的护理需求而生活在被隔离的环境中。当他们亲自访问了一家养老院后，他们觉得选择这家养老院并不是正确的解决方案。他们一致认为，父母应该住在一栋有一间多余的房间的单层房子，这个多余的房间将来可供护理人员居住。

☑ 克劳迪娅

在 20 多年的职业生涯中，克劳迪娅从广告行业的初级职位起步一直晋升到了管理层。但是广告行业在不断变化，克劳迪娅感到自己的业务专长和从业经验逐渐变得不重要了。她亲眼目睹了朋友和同事被解雇，所以她正在考虑跳槽。在她所在的企业，每当人们遇到计算机方面的难题时，她总是解决这些难题非常靠得住的人。她还阅读了有关计算机程序设计培训学校和计算机程序设计岗位在该领域蓬勃发展的新闻报道。这个行业是否有她的一席之地呢？此外，作为一名心理学专业的本科生，她梦想进入“为他人提供帮助”的行业工作。她从一些信息中了解到护理行业需要更多的护士。她是否有可能进入这个行业呢？面对这两个完全不同的职业选择，克劳迪娅有些犹豫不决。

克劳迪娅最初的关键概念是进入成长型行业并确保工作稳定。她应该进入这两个完全不同的行业中的哪个呢？

克劳迪娅在查看了护理培训学校和计算机程序设计培训学校的培训费用后有点儿震惊。参加注册护士速成班需要 4 万美元的培训费，而计算机程序设计培训前期需要的费用少得多，可能只需要 1 万美元。然而，她仍然不想仅仅根据从事一份新职业的前期费用投入做选择。所以，尽管克劳迪娅的研究始于数据，但她并没有就此止步。

通过使用 AREA 法，克劳迪娅研究了除这些数据之外的信息。虽然进入计算机程序设计培训学校的门槛似乎比较低，但要想进入计算机程序设计行业就要克服很多困难。她必须“提前决定”自己需要学习哪种计算机程序设计语言。尽管如今有一种主流的程序设计语言，但克劳迪娅意识到自己没有掌握足够的知识决定自己选择的程序设计语言是否相当于黑莓或 iPhone 需要的程序设计语言。这些培训学校和这个行业仍然处于成长期，也就意味着这个行业有一定的不稳定性。这让她多少有些不适应。

在“探索”阶段，当她意识到工作环境必须让人感觉舒适时，她的关键概念从两个扩展到了三个。她研究了自己的两个待选方案后，意识到自己对计算机程序设计这个职业路径太陌生，且这个行业充满了不稳定性，此外这个行业的岗位偏向于选择年轻人和男性。为了更好地理解计算机程序设计行业并确保自己不急于做决定，克劳迪娅花了 8 个小时上了一堂计算机程序设计在线课程，她很喜欢这个课程。但是，她发现了自己能承受风险的极限。她感觉计算机程序设计行业的前景不太清晰、充满了未知，且对自己没有什么吸引力。

每个学习者接受的护理专业培训几乎都是一样的。克劳迪娅可以以学生的身份轻松地探索自己的待选方案，而不用中断某些途径。此外，随着护理行业的发展，她接受的基础教育可能仍然有用，而学到的计算机程序设计语言可能会过时。

附录二　约翰的论点陈述

以下内容是约翰最初拟扩张慈善机构规模的三个待选方案的论点陈述，以及在“利用”阶段的研究中得出的结论。它们按研究的顺序排列各待选方案，所以你可以据此跟踪约翰的研究进程和思考过程。

☑ 在道路旁建卫生所

“绝对”阶段

在路边新开的卫生所将会成为新医疗卫生服务机构，很显然人们急切需要这样的设施。这会让我们潜在的患者人数增加一倍以上，达到每年 2 万人次。也需要我们增加 3 名正式员工，每年还需要增加预算支出约 2.4 万美元。这就必须增加约 3.6 万美元的筹款，其中约 2 万美元是需要我们寻找并补足的资金缺口。

“相对”阶段

把奥达基金会的基础护理能力扩展至在路边新开的卫生所，将增强我们的核心竞争力。当我们探求潜在的业务增长时，该举措将发挥重要作用。然而，仍然存在这些问题：我们是否具备招聘和留住合格的临床医生的能力，以及未来有多少患者。相关的数据与此前针对财务问题的假设根本不存在任何冲突。但是由于缺乏数据证明和有潜在下行财务风险，所以还应该进一步澄清与这些问题有关的数据：（1）招聘正式工作人员的可能性和患者人数；（2）了解政府是否会履行承诺给奥达基金会提供一栋大楼，以及改建设施需要多少资金。

“探索”阶段

我的采访证实，尽管修复政府提供的大楼需要的费用比预想的多，但是开第二家卫生所的方案仍有可行性，是比较现实的选择，而且会受到社区的欢迎。这意味着必须筹集比预计更多的资金，并且将把我们扩大服务范围的工作推迟 9 个月。“探索”阶段的采访还显示，造访第二家卫生所的患者要比预计的多很多，而且需要我们诊治比以往更多样化、更严重的疾病。这会让人们怀疑我们在财务和运营上的能力。此外，尼泊尔政府明确地表明了立场，即我们应该与尼泊尔政府的医疗卫生系统合作，而不是新开一家卫生所。

“利用”阶段：竞争性替代假设论点

根据竞争性替代假设练习，奥达基金会必须进一步分析患者人数和届时将诊治哪些疾病的有关数据，这样才能知道所需的成本和潜在的影响。此外，在权衡两个待选方案和奥达基金会的执行能力时，改造新开的卫生所的成本是必须考虑的重要因素。

“利用”阶段：正反分析

正面陈述：开第二家卫生所

在路边开一家永久性的卫生所将策略性地利用奥达基金会已经取得的基层民众和政府的支持，把奥达基金会的医疗卫生服务扩展至超过 1.5 万名新增患者。之前，奥达基金会直接提供基础医疗卫生服务取得的成绩，治疗每名患者需要的成本极低，这些因素都增加了成功开第二家卫生所的概率。此外，奥达基金会发现了一位训练有素且可以信任的医疗专家，此人愿意与奥达基金会合作。从财政上来说，这个选择会让该组织以每看一次病平均需要约 3 美元成本向近 1.8 万名新增患者提供医疗卫生服务。鉴于政府愿意把一栋大楼捐赠给卫生所使用，奥达基金会应该有能力确保筹集到卫生所成立和运营所需的资金。这个举措不仅解决了医疗卫生的燃眉之急，而且可以直接服务于奥达基金会降低卡利科特地区人口死亡率的使命。

反面陈述：开第二家卫生所

在路边开一家永久性的卫生所，将成为利用当地民众支持和现有设施的一项战略性举措。但这个项目是奥达基金会为期一年的援助项目，之后仍然需要大量的资金投入。新增的患者有可能让每年的运营成本翻倍。对一家新成立不久的组织来说，这将带来巨大的财务挑战，其运营成本将增加至少 100%，即每年超过 9 万美元。然而，这些资金尚未落实。虽然这个项目能满足当前的需求，但有可能对奥达基金会的社会声誉造成负面影响，因为该组织目前尚未做好筹集额外的资金、诊治预料之外的疾病以及应对新增患者等准备。

正反分析结论

正反分析练习让我考虑奥达基金会是否真的有能力运营第二家卫生所，并成功为更多的患者提供医疗卫生服务。

“利用”阶段：绘制思维导图的论点陈述

绘制思维导图的练习显示，奥达基金会必须把预算增加近一倍，才能满足新患者的需求。它清楚地显示了我们在财务上受的制约，这会在某种程度上让人质疑奥达基金会新开一家卫生所的可行性。

“利用”阶段：最终论点

竞争性替代假设练习确实缩减了我的关键概念，并促使我回顾“绝对”“相对”和“探索”阶段的研究；正反分析练习和情境分析练习进一步说明了该如何分析新数据；绘制思维导图练习清楚地表明了奥达基金会在财务上并没有能力运营新卫生所，因此我放弃了这个选择。

与政府开展合作

“绝对”阶段

如果与政府的医疗卫生系统合作，我们就可以利用强大的政府关系和现有的医疗卫生基础设施，向新社区提供医疗卫生服务，把我们的基础医疗护理服务推向更广阔的地域，并在卡利科特地区做全面的需求分析。近期的普查数据不仅证实了这一点，而且表明该地区有超过 9.5 万人或者说约有一半人口的居住地距离拟建的卫生所超过了 4 个小时的车程。这种选择将需要增加一名正式员工和约 2.9 万美元预算，且其中约 1.9 万美元是尚未补足的资金缺口。

“相对”阶段

“相对”阶段的研究揭示了政府的医疗卫生系统不可靠，如果奥达基金会与其联系过于密切，将会损害自身的社会声誉。为了与政府合作，我们必须扮演更特别、更独立的角色。这个阶段的研究还揭示了开展教育活动会成功改善基础医疗状况，也许这会让奥达基金会在政府的医疗卫生系统中工作，还能保持独立性。此前，奥达基金会做到了使女孩们在生理期可以继续上学。它有这方面的成功经验。奥达基金会可以考虑专注于提供预防疾病的服务，而不是治疗疾病。然而，卫生所的多样性意味着我们必须探索教育活动是否可行，或者明确奥达基金会是否需要开展多种活动。鉴于我们掌握的资源有限，这种做法不具备可行性。

“探索”阶段

与政府合作存在的问题比我们最初从三个方面分析总结出的问题更多：首先，它可能需要奥达基金会开展多种不同的医疗卫生教育活动，而不是单一的综合教育，这是因为各卫生所的需求似乎不同；其次，它揭示了负责医疗卫生系统的政府官员并没有清晰地认识各卫生所日常的工作内容；最后，还不清楚政府对医疗卫生教育活动有怎样的期望，这需要澄清。这引发了一个问题，即奥达基金会是否有能力与这些卫生所合作开展预防保健教育活动，而不是疾病治疗活动。如果奥达基金会能维持独立性，或许是解决问题的办法。

“利用”阶段：竞争性替代假设

要想利用政府现有的医疗卫生系统，奥达基金会必须获得社区支持，并证明与政府合作有可能给奥达基金会带来多大的负面影响。

“利用”阶段：正反分析

正面论点陈述：政府医疗卫生系统

允许奥达基金会利用政府医疗卫生系统的 30 家卫生所，会让该组织利用强大的政府关系和现有的设施，更快速、更有效地扩大自身的规模和影响力。人口统计数据显示，奥达基金会的医疗卫生教育活动有望直接惠及约 5,500 名妇女和女孩，把奥达基金会医疗服务的覆盖范围扩大 40%。尽管社区对政府现有的医疗卫生服务系统缺乏信任，但奥达基金会两年的成功经验和在当地良好的社会声誉，降低了与政府合作给奥达基金会带来负面影响的可能性。“绝对”“相对”和“探索”阶段的研究中获得的相关证据表明，尼泊尔全国范围内存在的少数健康问题也存在于尼泊尔全国各地，比如营养和卫生问题。因此，尽管各地对卫生所服务的需求可能不尽相同，但是有理由相信奥达基金会可以在整个医疗卫生系统内推广医疗卫生教育活动。此外，奥达基金会成功地开展了一次小规模的医疗卫生教育倡议活动，重点关注儿童早期发育和女性健康教育。这项活动把女孩在学校的出勤率提高到了 70%。我们希望复制这种努力。奥达基金会通过打造自己的品牌，将成功地把自身与政府不良的社会声誉分开，建立自己的品牌形象。

反面论点陈述：政府医疗卫生系统

虽然允许奥达基金会使用政府现有的基础设施有利于我们向更多的人提供服务，但我们也将依靠政府不可靠和有问题的医疗卫生系统，并可能遇到因不熟悉奥达基金会的工作而持怀疑态度的社区。虽然奥达基金会已经数次成功开展了小规模的医疗卫生教育活动，但在新社区开展此类活动仍然有可能遭受冷遇。

正反分析的结论

与政府开展合作的正反分析练习，让我明确地了解了当地民众支持的重要性，以及我们有别于尼泊尔政府的医疗卫生系统。这个问题将决定我们能否成功与政府开展合作。

“利用”阶段：情境分析

积极情境

政府的医疗卫生系统将通过预防而不是治疗的方式解决医疗卫生问题。与奥达基金会的永久性设施相比，开展医疗卫生教育活动能积极主动地找到问题的根源，而不是提供暂时性的解决方案。通过教育妇女和女孩，奥达基金会发起的营养、卫生和儿童保健教育活动，可以减少学校女生的缺勤率，同时改善她们的体质。我们还可以收集其他健康护理方面的数据。这些数据将来会对奥达基金会的工作人员和当地政府改善健康护理服务的方法和最终结果很有价值。这种向预防保健的转变将减轻奥达基金会和政府资源受到的长期压力。

消极情境

随着奥达基金会进入新社区开展工作，它在普通群众中的支持将会面临挑战。以前付出的努力是通过社区与奥达基金会之间接触和对话取得成功的。这种对话在该组织希望提供医疗卫生服务的新社区尚不存在。通过与政府开展合作，这些新社区将把奥达基金会与脆弱的、职能失衡的政府联系到一起，而不是将其与有良好意愿的、透明的发展组织联系。这可能会妨碍奥达基金会在医疗卫生教育方面的工作，限制其长期的社会影响力，并且会对奥达基金会的社会声誉造成不良影响。

折中情境

与政府的医疗卫生系统开展合作，不仅会给尼泊尔人民带来益处，还可以扩大奥达基金会对医疗卫生需求的影响和数据收集。根据奥达基金会之前取得的成功，针对幼女营养和保健及青春期女孩的医疗卫生教育活动也将取得成功，并且基本不需要后续跟踪。这个倡议将获得积极响应和支持，正如奥达基金会早期与奥达村的人们互动一样。虽然移动式医疗卫生服务不会取代直接提供持续的医疗服务，但这些活动项目将成为奥达基金会极有价值的规划工具，而且能为卡利科特地区处于危险和边缘地带的人们提供医疗卫生资源。

结论

与政府的医疗卫生系统开展合作虽然存在很大的负面效应，但也有一些真正的正面效应，例如扩大奥达基金会的影响力，改善基础医疗状况，提高我们品牌的知名度，还可以通过低成本、高回报的医疗卫生教育活动，在尼泊尔更广阔的地域收集关于医疗卫生需求的数据。鉴于这种结论，奥达基金会可以专注于拓展思路以降低与政府合作带来的风险。奥达基金会可以分几个步骤保护自己的声誉，比如确保做好沟通。我们在举办研讨会时要确保传达我们是独立的组织，并带上我们目前服务领域的知名人士的证明，以证明我们的医疗卫生服务的质量和影响力。

"分析"阶段：预先检验

预先检验促使我思考一个问题：如果我们无法获得社区的支持或无法收集完整的数据，将导致奥达基金会与政府的合作以失败告终。这使我开始考虑通过创造性的方法解决社区支持的问题。我们拟订了行动计划，找到在当地有影响力的人物，让他们向当地的人们解释我们的工作，他们还可以作为我们在各社区卫生所的特派人员。社区的基层领导人不仅会帮助我们招聘从我们开展的女性卫生教育活动中获益的女孩，还会把我们介绍给当地学校的校长。这些学校的校长反过来会帮助奥达基金会了解居住在每个卫生所附近的女生在学校出勤率的数据，以帮助我们在发现数据中的问题前将问题解决。

☑ “分析”阶段：对最终决策的陈述

在接下来的 8 到 12 个月内，奥达基金会将接受政府的提议，利用政府现有的医疗卫生系统，宣传为妇女和女孩举办的一场关注女性卫生和营养健康教育的地区性活动。这个计划有望降低学校中青春期女孩的缺勤率以及改善儿童发育不良的状况。这个计划将通过后期跟踪调查学校中女孩的出勤率和新生儿体重的变化衡量其影响。利用政府医疗卫生系统会产生的任何问题，将通过这些措施缓解：在每个社区建立一家政府的诊所；确定地方特派专员：这些人能确保获得当地社区支持成功实施这个计划，并有效跟踪我们的教育活动。教育活动将惠及约 5,500 人，并使奥达基金会每年影响的人数比开展活动前增加 50% 以上。此外，开展教育活动期间将额外诊治约 1,000 人，这将让奥达基金会具备持续增强其直接向患者提供医疗卫生服务的能力。

☑ 无人机空投医疗物资

“绝对”阶段

在尼泊尔的新技术发展领域，无人机技术并没有发挥重大作用，但是很多发展中国家都在探索和研发，并且有在医学领域大规模应用的潜力。鉴于奥达村在飞行距离、海拔以及有限的文化和行业监管方面存在障碍，这项技术有经济和操作上的可行性。然而，生产无人机的公司有250多家，且分布于60多个国家，其价格从500美元到几十万美元不等，所以资金和运营上的合作必不可少。此外，需要更多地研究和了解该行业及其物流状况。

“相对”阶段

通过把我们现有的设施、政府关系以及外部合作方都整合到一起，我们认为无人机能有效地向尼泊尔的乡村提供药品、诊断、样本和疫苗。我们相信这个概念有长远的潜力。然而，无人机行业迅速变化的环境及该行业与新技术之间的联系充满不确定性，重新证实了寻找合作方以降低财务风险和运营风险的重要性。尽管有长期的发展潜力，但目前尼泊尔缺乏稳定可靠的互联网，使这个待选方案站不住脚。此外，无人机技术能否行之有效地帮助我们完成使命——挽救生命，尚待证明。

“探索”阶段

“探索”阶段的研究证实，使用无人机要求在基地配置互联网连接接收信息，而尼泊尔的很多地方不具备这个条件。所以这个待选方案目前尚不可行。